HIPPOCRENE COMPACT DICTIONARY

CREOLE-ENGLISH
ENGLISH-CREOLE

Charmant Theodore

HIPPOCRENE BOOKS
New York

Copyright© 1995 by Hippocrene Books.

Hippocrene Compact Dictionary edition, 1997.

All rights reserved.

For information, address:
HIPPOCRENE BOOKS, INC.
171 Madison Avenue
New York, NY 10016

ISBN 0-7818-0538-4

Printed in the United States of America.

CREOLE-ENGLISH

A

abandone [abahndona] *v* abandon
abdike [abdikeh] *v* abdicate
abese [abehseh] *v* debase, lower
abèy [abehy] *n* bee
abi [abee] *n* abuse
abilite [abiliteh] *n* ability
abitan [abeetanh] *n* peasant
abitid [abeeteed] *n* habit
abitye [abityeh] *adj* used to, coping
abiye [ahbeeyeh] *v* clothe, dress
abiyman, rad garment
abize [abeezeh] *v* abuse
abjèk [abject] *adj* abject
aboli [ahbolee] *v* abolish
abondan [abonhdanh] *adj* abundant, bountiful, profuse
abòne [abohneh] *v* subscribe
abreje [abrhajeh] *v* abbreviate
abriko [abreeko] *adj* amber, *n* apricot
abrip [ahbreep] *adj* steep
absans [ahbsanhs] *n* absence
absid [abseed] *adj* absurd

absòbe [apsohbeh] *v* absorb
absoud [ahbsout] *v* absolve
abstrenn [abstrenh] *v* abstain
acha [ashah] *n* purchase
acheval [ashehvahl] *adj* captious
achte [ashteh] *v* buy
adapte [adahpteh] *v* adapt
adekwa [adehkwah] *adj* adequate
adikte [adikteh] *adv* addict
adilt [adeelt] *n* adult
adistans [ahdistanhs] *adj* far, remote
adisyone [adeesioneh] *v* add
adjektif [adjecteef] *n* adjective
admèt [admayt] *v* admit
admiratè [admeerateh] *n* admirer
admire [admeereh] *v* admire
adolesan [adohlesanh] *n* adolescent
adopte [adohpteh] *v* adopt
adore [adohreh] adore
adrès [adrayhs] *n* address
afab [afahb] *adj* amiable, bland
afè [afayh] *n* affair, bargain, business
afekte [afekteh] *v* affect
afere [afehreh] *adj* busy
afiche [afeeshay] *v* affix
afime [afeemeh] *v* affirm

afron [afronh] *n* affront
afronte [afronhteh] *v* affront
agase [ahgahseh] *v* enrage
agraf [agraph] *n* clasp
ajamè [ahjahmeh] *adv* forever
ajan [ahjanh] *n* money, silver; agent
aje [ahjeh] *adj* old; elder, senior
aji [ajee] *v* act
ajil [ajeel] *adj* lest, agile, nimble; deft *n* clay
ajiste [ajeesteh] *v* adjust
ajou [ahjoo] *adj* up-to-date
ajoune [ajouhneh] *v* adjourn
ajoute [ajouhteh] *v* add
ak [ahk] *conj* and; with
akeri [akehree] *v* acquire, gain
akimile [akimileh] *v* accumulate, gather
akite [akeeteh] *v* acquit
akize [akeezeh] *v* accuse, indict
aklè [ahkleh] *adj* evident
akò [akohr] *n* agreement, accord
akò [akohr] *n* agreement, covenant
akòde [akohrdeh] *v* accord
akomode [akomodeh] *v* accommodate
akonpli [akonhplee] *v* accomplish, execute, perform

akoste	alimèt

akoste [akosteh] *v* accost
akote [akohteh] *adv* aside, beside, near
akouchman [akooshmanh] *n* labor, giving birth
akouple [ahkoopleh] breed, mate
akòz [akoz] *conj* because
aks [acks] *n* axis; axe
aksè [akseh] *n* access
aksede [aksehdeh] *v* accede
aksepte [aksepteh] *v* accept
aksidan [akseedanh] *n* accident
aksidantèl [aksidantayl] *adj* casual
aksyon [aksionh] *n* action, deed
aksyonen [actionenh] *v* actuate
alame [alameh] *v* alram, scare
alantou [alanhtou] *adv* around
ale [aleh] *v* go; *n* alley
ale pou vini [alepoovini] *adv* vice-versa
aleche [alehsheh] *v* lure
aleka [alaykah] *adj* detached
alèkile [alehkeeleh] *adv* nowadays, presently
alemye [ahlehmyeh] *n* relief, improvement, betterment
alèn [aleihn] *n* breath
alimante [ahleemanhteh] *v* feed; power
alimèt [aleemet] *n* match

11

aliyen [ahleeyenh] *v* align
alizyon [aleezionh] *n* allusion
alò [aloh] *prp* so
altere [altereh] *v* alter, change
alyaj [aleeaj] *n* compound
alye [alieh] *n* ally
amalgame [amhlgahmeh] *v* merge
amann [ahman] *n* fine
amatè [amahteh] *n* amateur
amati [amatee] *n* casing
ame [ameh] *v* arm, *n* army
amelyore [amehlioreh] *v* improve
amenajman [amenahjmanh] *n* amenity; comfort, setting
amensi [ahmensee] *v* reduce
amizan [ameezanh] *adj* fun, amusing, pleasant
amize [ameezae] *v* amuse, entertain
amizman [ameezmanh] *n* fun
amòti [mohtee] *v* deaden, damper
anana [ahnahna] *n* pineapple
anba [anhbah] *prep* below, beneath, underneath, bottom, under
anbachal [anhbashal] *adj* illicit, covert
anbake [anhbakeh] *v* embark, board
anbale [anhbahleh] *v* bundle, pack

anbarase [anhbaraseh] *adj* embarrassed, perplex
anbasad [anhbasad] *n* embassy
anbasadè [anhbasadeh] *n* ambassador
anbatè [anhbateh] *n* underground
anbativant [anhbateevanht] *n* stomach
anbeli [anhbelee] *v* embellish, *n* clearing
anbete [anhbehtae] *v* bother
anbouteyaj [anhbooteyaj] *n* jam
anbrase [anhbraseh] *v* hug, kiss
andedan [anhdehdanh] *prp* in
andedan [anhdedanh] *n* inside
andedan [anhdedanh] *adv* inside, within
andeyò [anhdeyoh] *n* countryside, province
andeyò [anhdeyoh] *adj* external, *adv* out
andikape [anhdikapae] *adj* handicapped; disabled
andirans [anhdeeranhs] *n* endurance
andòmi [anhdohmee] *adj* sleepy, sedate
ane [ahneh] *n* year
anfle [anhfleh] *adj* swollen, *v* swell
anfòm [anhfom] *adj* fine, elegant
angaje [anhgaje] *adj* involved
angl [anhgl] *n* angle
angle [anhgleh] *adj* English
anile [ahnilae] *v* annihilate, cancel

animal [aneemal] *n* animal
animatè [aneemateh] *n* animator, host
anime [aneemeh] *adj* brisk
ankadreman [anhkadrehmanh] *n* frame
ankiloze [anhkeelozeh] *adj* numb, dull
ankò [anhkohr] *adv* again, anew
ankonbre [anhkonhbreh] *v* overcrowd
ankonbre [anhkonhbray] *adj* crowded
ankouraje [anhkourajeh] *v* encourage, urge
anksyete [anxsieteh] *n* anxiety
anlè [anhlay] *prep* above, atop, up, over
anlè [anhlayh] *n* surface, top
anlve [ahnlveh] *v* abduct, kidnap
anmè [anhmeh] *adj* bitter
anmèdan [anhmehdanh] *adj* disturbing
anmède [anhmehdae] *v* disturb, bother
anmède [anhmehdeh] *v* annoy, peeve
annavans [anavahns] *adv* early
anniye [anhniyeh] *adj* bored, annoyed, *v* annoy
annò [annoh] *adj* golden
anonse [ahnonhseh] *v* announce
anouvo [ahnouvoh] *adv* anew, afresh
anpakte [anhpakteh] *v* pack
anpeche [anhpesheh] *v* impeach, deter; stop
anpenpan [anhpenhpanh] *adj* elegant, fine

anpil [anhpeel] *adj* much, many; most; very
anplwaye [anhplwayeh] *v* employ
anpoche [anhposheh] *v* pocket
anpremye [anhprehmyeh] *adj* first, primary
anpren [anhprenh] *n* loan
anprèsman [anhpressmanh] *n* haste, zeal
anpwazonnen [anhpwazonhnenh] *v* poison
anreta [anhreta] *adv* late
anrichi [anhrishee] *v* enrich
anrole [anhwoleh] *v* draft, recruit
anroule [anhrooleh] *v* loop
ansanm [anhsanhm] *adj* together, *adv* along
ansante [anhsanteh] *adj* healthy
ansèk [anhsek] *adj* circular
ansekirite [anhsehkiriteh] *adj* secure
ansèkle [anhsehkleh] *v* surround
ansent [anhsent] *adj* expectant, pregnant; with child
anseye [anhsehyeh] *v* teach
ansibreka [anhseebrehkah] *adj* uneven, flimsy, rickety
ansòsele [anhsohsle] *v* bewitch
ansyen [anhsyenh] *adj* ancient, old
ant [anht] *prep* between
antèman [anhtehmanh] *n* funeral, burial
antere [anhtereh] *v* bury

antèt [anhteht] *n* heading
antete [antehteh] *adj* determined, head strong
antouzyas [anhtoozyas] *adj* enthusiastic, rapt
antravè [anhtraveh] *adv* athwart
antre [anhtreh] *n* entrance, door, *v* enter
antren [anhtrenh] *n* zest
antrepriz [anhtrehpriz] *n* enterprise, venture
antye [anhtyeh] *adj* whole,
anvayi [anhvayee] *v* invade; flood
anverite [anhveriteh] *adv* quite
anvi [anhvee] *v* desire, crave *n* envy, birth mark
anviron [anhveeronh] *adv* around, nearly
anvlòp [anhvlohp] *n/v* envelop
anvye [anvyeh] *v* envy, *adj* envious
anyen [anhyenh] *prp* nothing
apa [apah] *adj* separate, *n* lure (fishing)
apante [ahpanhteh] *v* survey, pace
apèl [apehl] *n* roll call; appeal (court)
apendis [apenhdis] *n* appendix
apik [ahpeek] *adj* elevated, high
apiye [ahpeeyeh] *v* lean
aplodi [aplohdi] *v* cheer
aprann [ahpran] *v* learn

apre [apreh] *prep* after
apresye [apresyeh] *v* appreciate
aproche [aprosheh] *v* approach
apropo [apwopo] *prp* about
apropriye [apwopriyeh] *adj* appropriate
aprouve [apwouhve] *v* approve
aptitud [aptiteed] *n* ability
apwen [ahpwenh] *adj* ripe
apwofondi [aprofondih] *adj* careful
apye [apyeh] *adv* afoot
ar [ahr] *n* art
aran [ahranh] *n* herring
arestasyon [arestasionh] *n* arrest
arete [areteh] *v* arrest, apprehend
arete [arehteh] *v* arrest, detain
arid [ahreed] *adj* arid, infertile
arid [ahrid] *adj* arid
arogan [arohganh] *adj* arrogant
arondi [awonhdee] *v* round
aroze [ahrohze] *v* water, baste
aryenafè [aryenhnafeh] *adj* idle, joker
asasen [asahsenh] *n* murderer, killer
asayi [ahsayee] *v* attack, assail
ase [ahseh] *adv* enough, *adj* sufficient, ample, enough
ase [ahseh] *adv* enough; quite

asezonman [asehzonhmanh] *n* seasoning, relish
asfalt [asfalt] *n* asphalt
asfalt [asfahlt] *n* asphalt; pavement
asire [ahseereh] *v* assure, insure, *adj* confident
asiste [ahsisteh] *v* attend, assist
aspè [aspeh] *n* aspect, angle
aswè [asweh] *n* tonight
asye [asyeh] *n* steel
asyeje [ahsyejeh] *v* besiege
asyèt [asyeht] *n* dish, plate
atach [atash] *n* brace
atak [ahtak] *n* attack, raid
atake [ahtakeh] *v* attack
atansyon [atanhsionh] *inter* watch out!
atansyon [atanhsionh] *n* attention, *inter* Attention!
atantif [atanhtif] *adj* attentive
atenn [atennh], *v* arrive, attain, reach
ateste [ahtesteh] *v* attest
ateste [ahtesteh] *v* attest *v*
atifisyèl [ahtifisiehl] *adj* artificial, bogus, false
atik [atik] *n* article
atire [ahtireh] *v* attract

atitud [ahteeted] *n* attitude, mood
atmosfè [atmosfè] *n* ambiance
atoufè [atoofeh] *adj/n* desperate
atrap [ahtrap] *v* catch, grasp
atravè [atraveh] *adv* across
atròs [atwos] *adj* atrocious
atroupman [atroopmanh] *n* gathering, riot
avalide [avalihdeh] *v* avouch
avalwa [avalwa] *n* advance
avan [avanh] *prp* before
avanjou [avanhjoo] *n* dawn
avans [avanhs] *n* advance
avanse [avanhseh] *v* move forward, promote
avantaj [avanhtaj] *n* advantage
avèg [avhegh] *adj* blind
avegle [avegleh] *v* blind, dazzle
avèk [avek] *prp* with
avèti [avehtee] notify
avèti [avehtee] *v* warn
avi [avee] *n* notice, *adv* for life
avni [avnee] *n* future
avnu [avnue] *n* avenue
avoka [avohka] *n* attorney, lawyer
avril [avreel] *n* April
avwan [avwahn] *n* oat
awoze [awohzeh] *v* water, irrigate

ayisyen [ahyeesyenh] *adj* Haitian
ayisyèn [ahyeesyehn] *adj* Haitian (fem.)
azil [azeel] *n* asylum

B

ba [bah] *adj* low, *n* stocking
bab panyòl [babpanhyol] *n* moss
bab [bab] *n* beard
babako [babako] *n* feast; barbeque
babote [baboteh] *v* dabble
bachote [bashoteh] *v* cram
bag [bag] *n* ring
bagay [baguy] *n* thing, something, object
bagay [bahgahy] *n* object, thing
bal [bahl] *n* bullet; bale; packet
balans [bahlanhs] *n* equilibrium; balance, scale
balanse [balanhseh] *v* actuate, swing, rock
balansin [balanseeng] *n* swing
bale [baleh] *n/v* broom, *v* sweep
balèn [bahlehn] *n* whale
balon [balonh] *n* ball
bambòch [banhbosh] *n* feast
ban [banh] *n* bench
banal [bahnahl] *adj* ordinary
bande [banhdeh] *v* band, wrap; *adj* horny
bani [banee] *v* banish

bankal [bankal] *adj* bent, crooked, warped
bankè [bankeh] *n* banquet
bankèt [banhket] *n* bench
bann [ban] *n* flock, group; erection
banyè [banyeh] *n* banner
baraj [baraj] *n* dam
bare [bahreh] *v* obstruct, block
bare [bahreh] *v* block, catch, capture, corner
baro [bahro] *n* rail
baryè [bahryeh] *n* gate, fence
basen [basenh] *n* basin, pond
askètbòl [baskeetball] *n* basketball
baskile [baskeeleh] *v* flip
bat [bat] *v* hit, defeat
batay [batie] *n* battle, scuffle
batay [bahtie] *n/v* fight, quarrel
batèm [batehm] *n* baptism
bati [batee] *v* build
batiman [bateemunh] *n* boat
bato [batoe] *n* boat, ship
baton [batonh] *n* baton, rod, stick
batri [batree] *n* battery
bay [bye] *v* give, procure
bay koutba [bye kootba] *v* deceive
bay [bye] *v* give
bay kouraj [bye kooraj] *v* embolden

22

bay gabèl [bye gahbel] *v* dare
bay bourad [bye boorad] *v* boost, push
baye [bayeh] *v* yawn
baylegen [byelegenh] *v* surrender, give up
baz [baz] *n* base, foundation
bè [beh] *n* butter
bebe [beh-beh] *n* baby
bèbè [behbeh] *adj* mute
bèf [behf] *n* bull, ox
bege [begey] *v* stutter, stammer
begle [beglay] *v* bellow
beke [bekeh] *v* peck, try
bekonn [baykon] *n* bacon
bèl [bell] *adj* pretty, handsome; cute
bèlantre [behlantreh] *adv* welcome
bèlfi [belfee] *n* daughter-in-law
bèlte [behlteh] *n* charm, beauty
benediksyon [benedikseeonh] *n* blessing
benefis [benefis] *n* benefit
benefisye [behnehfeesyeh] *v* benefit, enjoy
benefisyèl [benefisyel] *adj* beneficial
benevòl [benevol] *adj* benevolent
beny [benhye] *n* bath
benyen [benhyenh] *v* bathe
berè [bereh] *n* cap
bese [behseh] *v* lower, decline

bèso [behso] *n* cradle
bèt [beht] *n* animal, beast *adj* imbecile, daft
bèt [beht] *v* ridicule
etay [behtie] *n* cattle
bètkay [behtkye] *n* pet
bètrav [behtrahve] *n* beet
bezwen [behzwenh] *n/v* need
bileng [beeleng] *adj* bilingual
bilten [billtenh] *n* bulletin; ballot
bis [bis] *n* bus
bisiklèt [beeseeklet] *n* bicycle
bistro [beestro] *n* pub
bit tè [beet teh] *n* clod
bivèt [beevet] *n* banquet
biwo [beewo] *n* desk, office
blabla [blabla] *v* blab
blag [blahg] *n* joke
blam [blam] *n* blame
blame [blahmeh] *v* blame
blan [blanh] *adj* white; blank
blanchi [blanhchee] *v* bleach
blayi [blajyee] *v* spread
ble [bleh] *adj* blue, azure
ble [bleh] *n* wheat
blese [blehseh] *n/v* wound, cut
blesi [blehsee] *n* wound, cut

bliye [bleeyeh] *v* forget
blòf [bluff] *n* bluff
blofe [blofeh] *v* bluff
blòk [block] *n* block, chump
bloke [blokeh] *v* block, *adj* congest
bo [bo] *n/v* kiss
bò [boh] *n* brim; side
bobin [bohbeen] *n* reel
bobine [bohbeeneh] *v* reel
bòde [bohrdeh] *v* accost; trim
bòdi [bohdee] *n* border, contour, hedge; trim
bòdmè [bodmeh] *n* seashore
bofis [bohfis] *n* son-in-law
bokal [bohkal] *n* jar
bòl [bol] *n* bowl
bon [bonh] *adj* good
bon gou [bongoo] *adj* delicious
bon mache [bonmasheh] *adj* cheap
bòn [bonn] *n* maid, servant
bonbe [bonhbay] *v* bulge
bonbon [bonhbonh] *n* cake; candy
Bondye [bonhdyeh] *n* God
bonè [bohneh] *adv* early
bònfwa [bohnfwa] *n* good faith, earnest
bonm [bonm] *n* bomb; pan
bòs [boss] *n* foreman

bòt [boot] *n* boot
bouch [boosh] *n* mouth
bouche [boosheh] *v* block, stop, *adj* congested
bouche [boosheh] *v* plug; enclose
bouche [boosheh] *v* obstruct, stop
bouche [boosheh] *n* butcher
bouchon [booshonh] *n* cap, lid
bouchon lyèj [booshonh leehej] *n* cork
boujon [boojonh] *n* bud
bouk [book] *n* village
boukannen [bookanenh] *v* roast
boukè [boukeh] *n* bouquet
boul [bool] *n* ball; lie
boul [bool] *n* ball
boule [booleh] *n/v* burn
boulon [boolonh] *n* bolt; nut; screw
bounda [bounda] *n* ass, behind
boure [booreh] *v* stuff, cram; saturate
bourik [boorik] *n* donkey, ass
bous [boos] *n* purse, wallet
bouskilad [booskeelad] *n* rush
boustabak [boostabak] *n* crow, raven
bout [boot] *n* end, limit, edge
bout kanson [boot kanhsonh] *n* short
boutbwa [bootbwa] *n* log

boutèy [bootehy] *n* bottle
boutik [bootik] *n* store, shop
bouton [bootonh] *n* button; pimple
boutonnen [bootonenh] *v* button
bouya [booya] *n* fog
bouyay [booyay] *n* trouble, disorder
bouyi [booyee] *v* boil *adj* boiled
bouyon [booyonh] *n* broth, stew
bouyon [booyonh] *n* broth, minestrone
bra [brha] *n* arm
brak [brak] *adj* acrid, tart
branch [brahnsh] *n* limb, bough
branche [bransheh] *v* connect
branlan [branhlanh] *adj* loose, flimsy, shaky, precarious
brase [brahseh] *v* stir
brav [brav] *adj* brave, courageous
braye [brayeh] *v* bawl
brèf [brehf] *adj* concise, short
bretèl [bretehl] *n* brace, suspenders
bri [bree] *n* noise, rumor
bridsoukou [breedsookoo] *adj* abrupt
brik [brick] *n* brick
bripbrip [bripbrip] *adj* abrupt
brital [breetal] *adj* brutal, rough, *n* brute
briyan [breeyanh] *adj* bright

briz   [breeze] *n* breeze
brize   [breezay] *v* break
brode   [brodeh] *v* embroider, knit
bròs   [bwos] *n* brush
brose   [bwoseh] *v* brush
bwa   [bwa] *n* wood, lumber
bwa chapant   [bwa shapant] *n* timber
bwat   [bwat] *n* box, case
bwatchèn   [bwatshen] *n* oak
bwè   [bweh] *v* drink
bweson   [bwesonh] *n* drink
bwote   [bwoteh] *v* haul
byè   [byeh] *n* beer, ale
byen tonbe   [byentonhbeh] *adj* fitting, suitable
byen   [beeyenh] *n* wealth, property, fortune, *adv* well
yenfezans   [bienhfehzanhs] *n* beneficence
byennere   [byenehreh] *adj* blissful
byennèt   [byenet] *n* welfare

CH

chabon [shabonh] *n* coal, charcoal
chagren [shagrenh] *n* chagrin, grief, regret, sorrow
chaj [shaj] *n* charge, load
chaje [shahjeh] *v* load, charge
chak [shak] *adj* each
chalimo [shalimo] *n* straw
cham [sham] *n* charm, beauty; appeal
chame [sahmeh] *v* charm, bewitch
chamo [shamo] *n* camel
chandèl [shandel] *n* candle
chandelye [shandeleeheh] *n* chandelier
chanje [shanjeh] *v* change, shift; switch
chanm [shanhm] *n* bedroom, chamber, room
chanpiyon [shanhpiyonh] *n* mushroom
chanpyon [shanpeeonh] *n* champion
chans [shans] *n* chance, luck
chante [shanteh] *v* sing, *n* song
chape [shahpeh] *v* survive
chapit [shahpit] *n* chapter
chapo [shahpo] *n* hat
charite [shahriteh] *n* charity

charony [sharonhy] *n* carrion, decay
charyo [shareeo] *n* cart, carriage
chase [shahseh] *v* chase, evict
chat [shat] *n* cat, kitten
chato [shato] *n* castle
chè [sheh] *adj* expensive; precious, *n* flesh
chèche [shehsheh] *v* look for, fetch, search, seek
chèf [chef] *n* chief
chèk [shek] *n* cheque
chekè [shaker] n checker
chèlbè [shelbeh] *adj* vain, fancy
chemen [shehmenh] *n* road, route, way
chemine [chemineh] *n* chimney
chemiz [shemiz] *n* shirt
chen [shenh] *n* dog
chenn [shen] *n* chain
cheri [sheri] *n*/*adj* dear, darling
chèsè [shehseh] *n* nun
cheval [chehval] *n* horse
cheve [shehveh] *n* hair
chèz [shez] *n* chair, seat
chif [shif] *n* digit, number
chiklèt [sheklet] *n* chewing gum
chirijyen [shereejienh] *n* surgeon
chita [shetah] *n* sit

cho [show] *adj* hot, excited
chode [shodeh] *v* scald
chofe [shofeh] *v* heat up, *adj* hot, heated
chofè [shofeuh] *n* driver, chauffeur
chòk [shock] *n* bump, shock
choke [shokeh] *v* shock
chosèt [shoset] *n* sock
chòt [shot] *n* short
chou [shoe] *n* cabbage
chòv [shove] *adj* bald
chòvsourit [shove sourit] *n* bat
chuichui [shwishwi] *n* rumor *v* whisper
chwa [shwah] *n* choice
chwal [shwal] *n* horse
chwazi [chwazi] *v* choose, elect, select

D

dakò [dakoh] *v* agree, *n* in agreement
dan [danh] *n* tooth
danje [danhje] *n* danger, peril
danre [danhreh] *n* goods, produce
dans [danhs] *n* dance
danse [dahnseh] *v* dance
dantis [danhtis] *n* dentist
dapiyan [dapeeyanh] *v* grab, ravish
dayè [dayeh] *prp* besides
dayiva [diver] *n* diver
de [deh] *adj* two
debarase [dehbaraseh] *v* rid
debarase [dehbaraseh] *v* clear, unblock
debat [dehbat] *v* debate, deliberate
debat [dehbat] *v* debate
debòch [debosh] *n* debauch
debòde [dehbodeh] *v* overflow
debouse [dehbouseh] *v* disburse
debouya [debouyah] *adj* diligent, nifty
debouye [debouyeh] *v* cope, manage
dechikte [dehshikteh] *v* jag *adj* ragged
dechire [dehsheereh] *v* tear

dechouke [deshookeh] *v* depose, uproot
deden [dehdenh] *n* disdain
defann [dehfan] *v* prohibit, forbid; defend
defans [dehfans] *n* defense
defayans [defayanhs] *n* lapse, deterioration
defè [dehfeh] *v* undo
definitif [definitif] *adj* definite
defo fabrik [dehfofabrik] *n* defect
defo [defo] *n* default
defòme [defomeh] *v* distort
defwa [dehfwa] *adv* twice
defye [dehfyeh] *v* pini, defy; dare
degi [dehgee] *adj* additional
degou [dehgoo] *n* disgust
degoutan [dehgootanh] *adj* lousy, disgusting, nasty
degoutan [dehgoutanh] *adj* disgusting, abject
degoute [dehgooteh] *v* drip, disgust
degre [dehgreh] *n* degree, diploma
deja [dehja] *adv* already, yet
dejne [dejneh] *n* breakfast
dekadans [dekadenhs] *n* decadence
deklare [dehklareh] *v* declare, affirm, state
dekont [dehkont] *n* count
dekore [dehkohreh] *v* decorate, adorn

dekore [dehkoreh] *v* decorate
dekouraje [dehkoorajeh] *v* discourage
dekouvri [dekoovree] *v* discover, discern
dekrè [dehkreh] *n* decree
dekri [dehkree] *v* describe
delala [dehlala] *adj* delirious
deli [deleej] *n* deluge, inundation
elika [dehlika] *adj* delicate
delivre [deleevreh] *v* deliver
delye [dehlyeh] *v* dilute
demach [dehmash] *n* project; gait
demanjezon [dehmanhjehzonh] *n* itch
demann [dehman] *n* demand
demanti [dehmanhtee] *v* belie
demantle [dehmanhtleh] *v* raze
demen [dehmenh] *n* tomorrow
demi [dehmee] *adj* half
demode [dehmohdeh] *adj* outdated, obsolete
demoli [dehmolee] *v* demolish
demon [dehmonh] *n* devil
demontre [dehmontreh] *v* demonstrate, depict
demoralize [demohralizeh] *v* demoralize
dènye [dehnyeh] *adj* last
depa [dehpa] *n* departure
depann [dehpan] *v* depend, trust

depans	desevwa

depans [dehpanhs] *n* expense
depanse [dehpanhseh] *v* spend
depase [dehpaseh] *v* exceed, overcome, surpass
depatman [dehpatmanh] *n* department, county
depi [dehpee] *adv* ago, since
deplase [dehplaseh] *v* displace, move
deplimen [dehpleemenh] *v* pluck
depo [dehpo] *n* depot, deposit
deposede [dehposedeh] *v* dispossess, disown
depòte [dehpohteh] *v* deport
depoze [dehpozeh] *v* deposit, put
deranje [dehranhjeh] *v* annoy, molest, intrude
deranje [dehranjeh] *v* disturb, disable, *adj* disabled
derechany [dehrehshanhy] *n* spare
desanm [dehsanm] *n* December
desann [dehsanh] *v* descend, to go down
desann [desann] *v* camp, stay
desè [dehseh] *n* dessert
desen [desenh] *n* design
desepsyon [dehsepseeonh] *n* deception
desevwa [dehsehvwa] *v* disappoint, deceive

deside [dehseedeh] *v* decide
desizyon [dehseezeeonh] *n* decision, judgement, verdict
destine [destineh] *n* destiny
destine [destineh] *n* fate
dèt [det] *n* debt
detache [dehtacheh] *v* detach
detache [dehtacheh] *adj* apart, *v* separate
detann [dehtan] *v* relax
detekte [dehtekteh] *v* detect
detèmine [dehtehmineh] *adj* determined
deteste [dehtesteh] *v* detest, hate
detonasyon [dehtonaseeonh] *n* detonation, bang
detou [dehtoo] *n* detour
detounen [dehtoonenh] *v* deprave; hijack
detounen [dehtoonenh] *v* avert, avoid
detwi [dehtwi] *v* destroy
devalize [dehvahleezeh] *v* ransack
devan [dehvanh] *n* front
devan [dehvan] *v* advance! forward!
devan [dehvanh] *adj/prp* ahead
devanjou [dehvanhjoo] *n* dawn
devaste [dehvasteh] *v* devastate, ravage
devide [dehveedeh] *v* spill
devine [dehveeneh] *v* guess

devinèt [dehveenet] *n* riddle, puzzle
devlope [dehvlopeh] *v* develop
devwale [dehvwaleh] *v* unravel, reveal
devwe [dehvweh] *adj* devout
devyasyon [dehviahseeonh] *n* deviation
dèyè [dehyeh] *n* buttock, *prep* behind, after
dèyè [dehyeh] *n* behind; ass
deyò [dehyo] *adj* out, illegitimate
deyò [dehyoh] *n* outside
dezabiye [dehzabeeheh] *v* undress
dezagreyab [dehzagreyab] *adj* desagreable
dezagreyab [dezagreab] *adj* disagreable
dezakò [dezakoh] *n* discord
dezaprouve [dezaprooveh] *v* disapprove
dezas [dezas] *n* disaster
dezavantaj [dezavanhtaj] *n* disadvantage, drawback
dezè [dezeh] *n* desert
dezenvòlt [desinhvohlt] *adj* casual
dezespere [dezespereh] *v* despair *adj* desperate
deziyen [dazeeyenh] *v* appoint
deziyen [dehziyenh] *v* assign
dezobeyi [dezohbehyee] *v* disobey, violate
dezòd [dehzod] *n* mess
dezòd [dehzod] *n* disorder

dezonè [dehzohneh] *n* shame
dezonè [dehzoneh] *n* dishonor, disgrace
dezoryante [dehzorianteh] *v* bewilder
dezyèm [dehzyem] *adj* second
dezyèm men [dezyem menh] *adj* used, second hand
di [dee] *adj* callous, hard, harsh; strong
di [dee] *v* say
dife [deefeh] *n* fire
diferan [difehranh] *adj* different
difisil [difisil] *adj* difficult
dijere [deejereh] *v* digest
diksyonè [dikseeoneh] *n* dictionary
dimanch [deemansh] *n* Sunday
dimansyon [deemansyonh] *n* dimension, size
diminye [dimineeheh] *v* decrease, diminish; abase
dine [deeneh] *n* dinner, *v* dine
diplome [deeplomeh] *adj/v* graduate
dirèk [deerek] *adj* direct, *n* director
direksyon [deereksyonh] *n* direction
direktè [deerekteh] n director, chairperson, manager
diri [deeree] *n* rice
dirije [deereejeh] *v* lead, command, direct

dis [dees] *adj* ten
diskisyon [diskeeseeonh] *n* discussion, brawl
diskite [diskeeteh] *v* discuss, debate
diskite [dikeeteh] *v* discuss
diskrè [diskreh] *adj* discrete
diskresyon [diskrehseeonh] *n* discretion
dispansè [dispanhseh] *n* dispensary
disparèt [deesparet] *v* vanish
disparèt [disparet] *v* disappear
disparèt [dispahret] *v* disappear, fade
disponib [disponib] *adj* available
distans [distanhs] *n* distance
disten [distenh] *adj* distinct
distenge [distenhgeh] *v* distinguish, *adj* distinguished
distrè [distreh] *v* distract, *adj* disturbed
distri [distree] *n* district
distribye [deestribyeh] *v* distribute
diton [deetonh] *n* proverb
divage [deevageh] *v* ramble
diven [deevenh] *n* wine
divès [deeves] *adj* various
divès [deeves] *adj* diverse
divize [divizeh] *v* divide
divòs [deevos] *n/v* divorce

diyite [deeyiteh] *n* dignity
diznèf [deeznef] *adj* nineteen
dizuit [deezuit] *adj* eighteen
djal [jall] *n* girl
djin [djeen] *n* gin; jeans
djipsi [gypsy] *n* Gypsy
djòb [job] *n* job, work
djògin [jogging] *n* jogging
djòl [jol] *n* snout
djòlè [djohleh] *adj* boastful
djòlè [djohleh] *n* show off
djondjon [jonhjonh] *n* mushroom
dlo [dloh] *n* water; stream, river
dodin [dodeen] *n* rocking chair
dodinen [dodeeneh] *v* rock
dokazyon [dokazyon] *adj* used
dokiman [dokeemanh] *n* document, file
dola [dola] *n* dollar
dòlote [dolloteh] *v* pamper, coddle
domaj [domaj] *n* damage
domaje [domajeh] *v* damage
dòmi [domee] *v* sleep
domine [dohmeeneh] *v* dominate, prevail
don [donh] *n* gift, talent
done [dohneh] *n* data, given
donnen [donnhenh] *v* yield

donte [donhteh] *v* tame
dosye [doseeheh] *n* file, brief
dosye [dosyeh] *n* record, file
dòtwa [dohtwa] *n* dormitory
dou [do] *adj* sweet, mellow
doub [doob] *adj* double
double [doobleh] *v* double
douch [douche] *n* shower
doulè [dooleh] *n* pain, pang
doulè [dewleh] *n* ache, pain
dous [doos] *adj* sweet; sleej, *n* sweets
dousman [doosmanh] *adv* slowly; *adj* slow, quiet
dout [doot] *n* doubt
doute [dooteh] *v* doubt
douz [dooz] *adj* twelve
dra [dra] *n* linen, cover, sheet
drapo [drapoh] *n* flag
drese [drehseh] *v* rear, tame; erect, raise
dròg [dwog] *n* drug
droge [dwogeh] *adj* addict, drugged, *v* drug
dròl [dwol] *adj* odd, funny, strange
droum [dwoom] *n* drum
dwa [ladwann] *n* fee
dwa [dwah] *n* right; law
dwat [dwat] *adj* straight; right

dwe [dweh] *v* owe
dwèt [dwet] *n* finger

E

e [eh] *conj* {how, what} about
eblouyi [eblooyi] *v* dazzle; amaze
echanj [eshanhj] *n* exchange, trade, swap
echantiyon [eshanhteeyonh] *n* sample
echap [ehshap] *n* sling
echèk [eshek] *n* chess
èd [aid] *n* aid, support
ede [ehdeh] *v* help, assist
edike [edeekeh] *v* educate
edite [edeeteh] *v* edit
efarouche [efawoosheh] *v* apall, scare
efase [efaseh] *v* delete, erase, efface
efò [ehfoh] *n* effort
efreyan [ehfrehyanh] *adj* frightening, hideous
efreye [ehfrehyeh] *v* scare
egal [ehgal] *adj* equal, even,
egare [egareh] *adj* gaga, confused
egi [ehgee] *n* needle
egou [ehgoo] *n* drain
egoyis [ehgoyis] *adj* selfish
egzajere [egzajehreh] *v* exaggerate

egzak [exak] *adj* exact
egzamen [egzamenh] *n* exam, test, quiz
egzamine [egzameeneh] *v* examine, view
egzan [egzanh] *adj* exempt
egzanp [egzanp] *n* example
egzanplè [egzanpleh] *n* sample, *adj* exemplar
egzekite [egzeketeh] *v* execute, perform
egzèsis [egzehsis] *n* drill, exercise
egzistans [existanhs] *n* existence
egziste [egzeesteh] *v* exist
ekip [ehkeep] *n* team
ekip [ekeep] *n* crew, team
ekipe [ekeepeh[*v* equip, furnish
ekipman [ekeepmanh] *n* equipment
ekla [ehklah] *n* glitter, glare
eklate [ehklateh] *v* explode
eklate [eklateh] *v* explode, burst, erupt
eklatman [eklatmanh] *n* explosion, eruption
eklere [ehklereh] *adj* intelligent, bright
eklèsi [eklehsi] *v* clarify, *n* clearing
eko [ehko] *n* echo
ekòs [ekos] *n* bark
ekran [ehkranh] *n* screen
ekri [ehkree] *v* write, correspond
ekriven [ehkreevenh] *n* writer, author

eksede [eksehdeh] *v* exceed
eksepsyon [eksepsyonh] *n* exception
eksepte [eksepteh] *adj* except
eksite [ekseeteh] *v* excite, abet, arouse
ekspè [ekspeh] *n* expert
eksperyans [eksperyanhs] *n* experience
eksplike [expleekeh] *v* explain
eksplisit [ekspleeseet] *adj* explicit
eksplore [e(k)splohreh] *v* explore
eksploze [e(k)splohzeh] *v* explode
eksplozyon [e(k)splozyonh] *n* explosion
ekspòtasyon [e(k)spotasyonh] *n* export
ekspòte [e(k)spoteh] *v* export
ekspoze [e(k)spozeh] *v* expose
ekspozisyon [e(k)spozeesyonh] *n* exposition
eksprime [e(k)spreemeh] *v* express
eksteryè [ekstehryeh] *n* exterior
ekstraòdinè [e(k)straohdeeneh] *adj* extraordinary
ekstrè [e(k)streh] *n/v* extract; *n* digest
ekstrèm [e(k)strem] *adj* extreme
ekzòbitan [ekzobitanh] *adj* exorbitant, outrageous
elabore [ehlaboreht] *v* elaborate
elaji [ehlajee] *v* expand, enlarge
elefan [ehlehfanh] *n* elephant

eleksyon [ehleksyonh] *n* election, poll
elèv [ehlev] *n* pupil
eli [ehlee] *v* elect
elimine [ehleemeeneh] *v* eliminate
elòj [ehlohj] *n* compliment
elòj [ehloj] *n* praise
elve [ehlveh] *v* rear
emab [aymab] *adj* amiable, bland
emèt [emet] *v* emit
emèt [ehmet] *v* emit
emisyon [emeesyonh] *n* broadcast
emosyon [ehmosyonh] *n* emotion
en [enh] *adj* one
èn [ehn] *n* hatred
enbesil [enhbehseel] *adj* fool, imbecile, silly
enbesil [enhbesil] *adj* imbecile, dumb
endiferan [enhdiferanh] *adj* indifferent, distant; aloof
endijan [enhdeejanh] *n* indigent, pauper
endike [enhdeekeh] *v* indicate
endiyasyon [enhdeeyasyonh] *n* indignation
enève [ehneveh] *v* enrage, *adj* tense, nervous
enfekte [enhfekteh] *v* infect
enfim [enhfim] *adj* crippled, disabled, handicapped

enfimyè [enhfeemyeh] *n* nurse
enfliyans [enhfleeyanhs] *n* influence
enigm [enigm] *n* enigma
enkapab [enhkapab] *adj* incapable, inadequate, unable
enklinasyon [enhklinehzonh] *n* inclination
enkomode [enhkomodeh] *v* incommodate
enkonsyan [enhkonhsyanh] *adj* oblivious, careless
enkwayab [enhkwayab] *adj* incredible
enkyetid [enhkietid] *n* worry, anxiety
enòm [ehnom] *adj* enormous
enpas [enhpass] *n* deadlock
enpasyan [enhpasyanh] *adj* impatient
enpe [enhpeh] *adj* some, a few; a little
enplije [enhpleekeh] *v* implicate
enplore [enhploreh] *v* implore, plead
enplwaye [anhplwayeh] *v* hire; use
enposib [enhpohsib] *adj* impossible
enpòtan [enhpotanh] *adj* important, imposing
enpresyone [enhpresyoneh] *v* impress
enpridan [enhpreedanh] *adj* imprudent, rash
enprime [enhpreemeh] *v* print
ensèk [enhsek] *n* bug, insect
ensilt [enhsilt] *n* insult

ensipòtab [enhseepotab] *adj* unbearable
ensiste [enhseesteh] *v* insist
ensite [enhsiteh] *v* abet, incite
enskri [enhskree] *v* record
ensolan [enhsolanh] *adj* insolent
enstantane [enhstanhtaneh] *adj* instantaneous
enstige [ensteegeh] *v* entice
enstriman [enhstrimanh] *n* instrument, tool
entansyon [enhtanhsyonh] *n* intention, purpose
entèdi [enhtehdi] *v* prohibit, ban
entèdiksyon [enhtediksyonh] *n* prohibition
entèfere [enhtehfehreh] *v* interfere
entelijan [enhtelijanh] *adj* clever, intelligent,
entelijans [entelijanhs] *n* intelligence, wit
enterese [enhtereseh] *adj* interested, eager
entèronp [enhteronhp] *v* interrupt
entimide [enhtimideh] *v* intimidate, daunt
entrige [enhtreegeh] *v* intrigue, fascinate
envante [enhvanhteh] *v* invent
envite [enhveeteh] *n* guest, *v* invite
envizib [enhveezeeb] *adj* invisible
envoke [enhvokeh] *v* invoke,
epè [epeh] *adj* thick, fat

epè [epeh] *adj* dense, thick
epi [ehpee] *conj* then
erè [ehreh] *n* error
erè [ehreh] *n* error
eritaj [ehreetaj] *n* inheritance
esans [ehsanhs] *n* extract
esè [ehseh] *n* try, attempt
eseye [ehsehyeh] *v* try
eskalye [eskahlyeh] *n* stair
eskiz [eskeez[*n* excuse
eskize [eskeezeh] *v* excuse
eskòte [eskoteh] *v* escort
espas [espahs] *n* space
espase [espahseh] *v* space
espere [espehreh] *v* hope
espesaylman [espesyalmanh] *adj* especially
espesyal [espesyal] *adj* especial, particular
esprè [esprey] *adj* deliberate
espresyon [esprehsyonh] *n* expression, utterance
espri [espree] *n* spirit
espyonaj [espionage] *n* espionage
estim [esteem] *n* esteem
estime [esteemeh] *v* appraise, estimate
estipid [esteepeed] *adj* stupid

estraòdinè [estraodeeneh] *adj* extraordinary, uncommon
estropye [estwopyeh] *v* cripple
etabli [etahblee] *v* establish, *adj* settled
etajè [etahjeh] *n* rack, shelf
etalaj [ehtalaj] *n* array, display
etale [ehtaleh] *v* display, spread
etanda [ehtandah] *n* stand
etann [ehtan] *v* extend, open
etann [ehtann] *v* expand
etap [ehtap] *n* stage
ete [ehteh] *n* summer
etenn [ehten] *v* turn off, quench, *adj* off
etènye [ehtenyeh] *v* sneeze
etidye [ehteedyeh] *v* study
etonan [ehtonanh] *adj* amazing
etone [ehtoneh] *v* surprise, wonder, *adj* surprised
etranje [ehtranhjeh] *adj* strange, *n* alien, stranger
anje [ehtranhjeh] *adj* foreign, *n* foreigner
etwal [etwal] *n* star
etwat [etwat] *adj* narrow
evade [ehvahdeh] *v* evade, break out (jail)
evalue [ehvalueh] *v* estimate, appraise
evalyasyon [ehvalyasyonh] *n* evaluation

evalye [evahlyeh] *v* evaluate
evalye [ehvahlyeh] *v* evaluate, estimate
evenman [ehvehnmanh] *n* event, surprise
evidan [ehveedanh] *adj* evident, obvious
evite [ehveeteh] *v* avoid, avert, prevent
ezitan [ehzitanh] *adj* hesitating
ezite [ehzeeteh] *v* hesitate

F

fab [fab] *n* detergent; fable
fabrik [fabreek] *n* factory
fabrike [fabreekeh] *v* make, build, manufacture
fache [fasheh] *adj* angry, *v* trouble, upset
faktè [fakteh] *n* postman
falèz [falez] *n* cliff
familyarize [familiareezeh] *v* accustom, familiarize
familye [familieh] *adj* familiar, colloquial
famin [fameen] *n* dearth, famine
fanatik [fanatik] *adj* fan, fond; bigot
fanm [fahnm] *n* woman
fanmi [fahnmee] *n* family, relative
fann [fhan] *v* split, cleave
fant [fanht] *n* slit, crack, gap
fantom [fanhtom] *n* ghost, phantom
farin [farin] *n* flour
farinen [fareenenh] *v* drizzle
fasil [fahseel] *adj* easy
fasine [fahseeneh] *v* fascinate
fatig [fateeg] *n* fatigue

fatigan [fahteegan] *adj* tiring, tedious, trying
fatige [fahteegeh] *v* tire
fatra [fahtrah] *n* trash, mess, refuse
favè [fahveh] *n* favor
favorab [favorab] *adj* favorable, auspicious
favorize [favoreezeh] *v* favor, condone
fayit [faheet] *n* doom, failure; deficit
fè pati [fehpatee] *v* belong, participate
fè [feh] *v* do, build, make
fè reklam [feh rayklam] *v* publicize, boost
fè egzèsis [fehegzesis] *v* exercise, exert
fè konpliman [feh konhpleemanh] *v* congratulate
fè demann [fehdeman] *v* inquire
fè sote [fehsoteh] *v* startle; astound
fè jouda [fehjooda] *v* peep, snoop
fè djòlè [fehjoleh] *v* bawl
è konfyans [fehkonhfyans] *v* trust
fè jwenn [feh jwen] *v* procure, facilitate
fè bab [fehbab] *v* shave
fè payas [fehpahyass] *v* connive
fè konesans [fehkonesanhs] *v* acquaint *v*
fè pitit [feh piteet] *v* procreate
fè atansyon [fahtanhsyonh] *v* heed
fè [feh] *n* iron

fèb [fehb] *adj* weak, bleak, feeble
fèjedou [fehjedoo] *v* wink
fèm [fehm] *n* farm, *adj* solid, firm
femèl [fehmel] *adj* female
femèl chen [fehmelchenh] *n* bitch
fèmen [fehmenh] *v* close; enclose, shut, *adj* locked, shut
fen [fen] *adj* fine, keen, thin, *n* end, aftermath
fen [fenh] *adj* fine, thin
fenèt [fehnet] *n* window
fennen [fehnnenh] *v* fade, wither, shrivel
fente [fent] *n* simulation
fènwa [fehnwa] *adj* obscure
fern [fèurn] foujè
feròs [fehros] *adj* ferocious
fèsiyo [fehseeyo] *v* signal, wink
fèt [feht] *n* party, anniversary
fevriye [fehvreeyeh] *n* February
fèy [fhey] *n* leaf
fi [fee] *n* female, woman, girl
figi [feegee] *n* face
figire [feegeereh] *v* calculate
fiks [fix] *adj* steady
fikse [fiksey] *v* stare, gaze; scrutinize
fiksyon [fiksyonh] *n* fiction

fil (elektrik) [feelehlektreek] *n* wire
fil (akoud) [feelakood] *n* thread
fil (arenyen) [feelarenhyenh] *n* cobweb
filange [feelanhgeh] *v* chop, mince
file [feeleh] *v* court, flirt; whet *adj* sharp
fimen [feemenh] *v* smoke
fimye [feemyeh] *n* dung, muck
final [feenal] *adj* final
fineray [feenehrahy] *n* funeral
fini [feenee] *v* finish
firye [feeryeh] *adj* furious
fisèl [feesel] *n* string
fizi [feezee] *n* rifle
fizye [feezyeh] *v* shoot
flanbe [flanhmbay] *v* blaze, flare
flanke deyò [flanhke deyoh] *v* chuck, kick out
flanm [flanhm] *n* blaze, flame
flannen [flanhnenh] *v* drift, rove, stray, wander
flè mayi [flehmahee] *n* cornflower
flè [fleh] n flower, blossom
flèch [flesh] *n* arrow, dart
flechi [fleshy] *v* flinch
fleri [flehree] *v* flower, bloom
flèsolèy [flehsoley] *n* sunflower

flote [flotay] *v* drift, float
fo [fo] *adj* false, bogus
fò [foh] *adj* strong, brilliant, intelligent
fò [foh] *adj* loud
fobou [fohboo] *n* suburb
fòje [fojeh] *adj* wrought; made up
fòm [fom] *n* shape
fòmann [forman] *n* foreman
fòme [fomeh] *v* form, machine; *adj* matured
fon [fonh] *adj* deep, profound, *n* bottom
fondasyon [fonhdahsyonh] *n* foundation, base
fonn [fun] *v* melt, merge
fonse [fonhsay] *v* leap, *adj* dark
forè [fohreh] *n* forest
fòs [foss] *n* strength, courage
fòs [foss] *n* force, effort
fòse [fohseh] *v* force, strain, *adj* compelled
fòt [fot] *n* fault, mistake
fotèy [fohtaye] *n* armchair, sofa
fòtin [foteen] *n* fortune, wealth
foto [photo] *n* photo
fou [foo] *n* oven
fou [foo] *adj* crazy, delirious, insane
fouchèt [fooshet] *n* fork
foul [fool] *adj* loaded, full, crowded

foumi [foomee] *n* ant
founen [foonenh] *v* bake, *n* batch
founi [foonee] *v* cater, provide, supply
founi [foonee] *adj* furnished
foure [fooreh] *v* insert
foure [fooreh] *v* engage
fouye [fooyeh] *v* dig, delve
frajil [frajeel] *adj* fragile, sensitive, susceptible
frajil [frajeel] *adj* fragile
fraka [fraka] *n* crash
frakti [fraktee] *n* fracture
fran [franh] *adj* frank, candid
frape [frapeh] *v* hit, bang, knock; strike, hurt
frè {depans} *n* **fee(s)**
frè [freh] *n* brother
fredi [fredee] *n* cold
frekan [frehkanh] rude, fresh
frennen [frenhnenh] *v* stop
frèt [freht] *adj* cold, cool
freyè, laperèz fright
fri [fhree] *v* fry
frijidè [fhreejeedeh] *n* refrigerator
friksyonen [freekseeonenh] *v* massage, rub
fripit [freepit] *n* fly, bug

fristrasyon [freestrasyonh] *n* frustration
fròd [fraud] *n* fraud
fromaj [fwomaj] *n* cheese
frontyè [fwonteeheh] *n* border
frote [fwotay] *v* rub, chafe, scrub
fuit [fuit] *n* leak
fwa [fwa] *n* liver; faith
fwi [fwee] *n* fruit
fyè [fyeh] *adj* proud
fyète [fyehteh] *n* pride

G

gad [gahd] *n* guard, soldier
gade [gahdeh] *v* look, peek, glance
gadmanje [gahdmanhjeh] *n* pantry
gaga [gaga] *adj* imbecile, dumb
gagòt [gahgot] *n* fuss
gaj, *v* **garagti** pledge
galata [gahlahtah] *n* attic, loft
galèt [gahlet] *n* stone
galon [gahlonh] *n* gallon
galope [galogpay] *v* gallop, canter
gan [ganh] *n* glove
garaj [gahraj] *n* garage
garanti [gahranhtee] *v* warrant, guaranty
gason [gasonh] *n* boy, male, man, *adj* strong
gaspiyaj [gahspeeyahj] *n* waste
gaspiye [gahspeeyeh] *v* waste, squander
gate [gahteh] *adj* bad, spoiled, *v* spoil
gato [gahto] *n* cake
gayan [gahyanh] *n* winner
gaye [gahyeh] *v* spread
gaye [gahyeh] *v* dissipate, spread; arise
gaz [gas] *n* fuel

gazon [gahzonh] *n* lawn
gedj [gauge] *n/v* gauge
gen pitye [genh pityeh] *adj* merciful, clement
gen mwayen [genh mwayenh] *v* afford
gen konesans [genh konaysanhs] *adj* conscious
gen vètij [genh vehtij] *adj* dizzy
gen kouraj [gen kooraj] *adj* strong
gen lentansyon [genh lenhtanhsyonh] *v* intend
genlè [genhleh] *adv* apparently, *v* appear
genyen [genhyenh] *n* to have, earn, own; win
gèp [gep] *n* hornet, wasp
gid [geed] *n* guide
gide [geedeh] *v* guide
gildiv [geeldeev] *n* still
glas [glass] *n* ice, frost; mirror
glase [glaseh] *adj* cold;
glasi [glasee] *n* concrete pad
glise [gleeseh] *v* slide, creep, glide, slip
glòb [glob] *n* globe
glorifye [gloreefyeh] *v* glorify, praise
gòch [gosh] *adj* clumsy, left, awkward
gode [goday] *n* cup

gòj [goj] *n* throat
gòje [gojeh] gulp
gòlf [golf] *n* golf, bay
gonfle [gonhflay] *v* inflate; bulge, *n* indigestion
gonm [gonhm] *n* glue; chewing gu.
gonmen [gonhmenh] *v* glue, *adj* sticky
gou [goo] *n* flavor, savor, taste
goumen [goomenh] *n* quarrel, *v* fight, struggle
goumen [goomenh] *n* brawl, *v* fight
gout [goot] *n* drop
goute [gooteh] *v* taste; snack
gouvène [goovehneh] *v* govern
gra [grah] *adj* fat, plump
grad [grad] *n* grade, rank, diploma
grafouyen [grafooyenh] *v* scratch
graje [grahjeh] *v* scrape, grate
gran [granh] *adj* large, big; famous
gran [granh] *adj* great, large
gran-papa [granhpapa] *n* grandfather
grandi [granhdee] *v* grow
grangou [grungoo] *adj* avid; hungry; eager
grangou [granhgoo] *n* famine
granmoun [granhmoon] *n* adult, elder, mature

grann [gran] *n* grandmother
grap [grahp] *n* bunch, cluster
grate [grateh] *v* scrape
grate [grahteh] *v* scratch itch
gratèl [grahtel] *n* itch
gratis [grahtis] *adj* free
grav [grahv] *adj* grave
gravye [grahvyeh] *n* gravel
grenn pa grenn [grenpagren] *adv* individually
grenn [gren] *n* grain, unit, *adj* single
grenn [gren] *n* seed, berry; cachet, pill; testicle
grenpe [grenhpay] *v* climb
grès kochon [grehs koshonh] lard
grès [gress] *n* grease, fat
grese [grehseh] *v* grease
gri [gree] *adj* gray; tipsy
grif [grief] *n* paw
grif [grief] *n* claw
grip [greep] *n* flu, cold
griye [greeyeh] *v* roast; parch
griye [greeyeh] *v* roast
griyen [greeyenh] *v* giggle
gro [papa, manman} *adj* huge
gronde [gwonhdeh] *v* rumble, roar; frown
grosè [gwoseh] *n* size, dimension

grosoulye [gwosoolyeh] *adj* rude
grosye [gwosyeh] *adj* crude, gross
gròt [grot] *n* grotto, cave
gwòs [gross] *adj* expecting, pregnant; with child
gwoup [gwoop] *n* group
gwoupe [gwoopeh] *v* group

i

idantifye [eedantifyeh] *v* identify
idyo [eedeeo] *adj/n* idiot, blockhead, daft
ijyèn [eejyehn] *n* hygiene
il [eel] *n* island
ilejitim [eelehjeeteem] *adj* illegitimate
imaj [eemaj] *n* image
imajinasyon [eemajeenasyonh] *n* imagination
imajine [imahjeeneh] *v* imagine; picture, fancy
imanite [eemaneeteh] *n* humanity, human kind
imans [eemans] *adj* immense
imedyat [eemehdyat] *adj* immediate
imen [eemen] *adj* human; considerate
imid [eemeed] *adj* humid
imitasyon [eemeetasyonh] *n* imitation
imite [eemeeteh] *v* imitate
imoral [eemorahl] *adj* immoral
imòtèl [eemotel] *adj* immortal
inegal [inehgahl] *adj* unequal, uneven
ini [eenee] *v* unite, *adj* united

inifye [eeneefyeh] *v* unify
inisyal [eeneesyahl] *adj* initial, first
inite [eeneeteh] *n* unit; unity
inondasyon [eenondahsyonh] *n* innundation, deluge
inonde [eenondeh] *v* flood
inosan [eenosanh] *adj* innocent
inyon [eenyonh] *n* union, marriage
irige [eereegeh] *v* irrigate
irite [eerietay] *v* irritate, chafe
isit [eeseet] *adv* here
istansil [istanhseel] *n* utensil
istwa [istwa] *n* story, fable, tale
itil [eeteel] *adj* handy, useful
itilite [eetiliteh] *n* utility, usefulness
itilize [eetilizeh] *v* use
izaje [eezajeh] *adj* used
ize [eezeh] *adj* used
izin [eezeen] *n* factory, manufacture

J

jaden [jahdenh] *n* produce garden, plot, cultivated land
jaden flè [jahdenh fleh] *n* decorative garden
jadinye [jahdeenyeh] *n* gardener
jagon [jahgonh] *n* jargon, slang
jako [jahko] *n* parrot
jalou [jahloo] *adj* jealous
jamè [jahmeh] *adv* never
janbon [janhbonh] *n* ham
jandam [jhanhdam] *n* cop, guard
janm [janhm] *n* leg, *adv* never
janti [janhtee] *adj* gentle, kind, polite
janvye [janhvyeh] *n* January
jape [japeh] *v* bark
je [jeh] *n* eye; articulation, joint
jedi [jehdee] *n* Thursday
jefò [jhefoh] *n* effort
jele [jehleh] *n* jelly
jemi [jehmee] *v* moan, wail, whimper
jen [jenh] *n* June
jèn [jehn] *adj* young
jeneral [jehnehrahl] *adj/n* general

jenere [jehnehreh] *adj* generous, *v* generate
jenès [jehness] *n* youth; prostitute
jenèz [jehnez] *n* genesis
jenn [jhen] *adj* young
jennjan [jhenjanh] *n* lad
jenou [jehnoo] *n* knee
jepete [jepateh] *adj* blind
jeyan [jehyanh] *adj* giant
ji [jhee] *n* juice
jij [jheej] *n* judge
jije [jheejeh] *v* judge
jijman [jeehjmanh] *n* verdict
jimo [jheemo] *n/adj* twin
jip [jheep] *n* skirt
jiri [jheeree] *n* jury
jis [jhees] *adj* just, appropriate, fair
jiska (jis, jouk) [jheeska] *prp* till
jiskaske [jheeskaskeh] *prp* until
jistifye [jeestifieh] *v* justify
jistis [jeestis] *n* justice
jiyè [jheeyeh] *n* July
jodi [jhodee] today
jòn [jonn] *adj* yellow
jònze [jonnzeh] *n* yolk
jou [jhoo] *n* day, daylight
joumou [jhoomoo] *n* squash

jounal [jhoonal] *n* newspaper, diary/log
jounen [jhoonenh] *n* daytime
joure [jooreh] *v* blame, admonish; insult
jovyal [jhovyal] *adj* mellow
jwe ak [jweh ak] *v* fiddle
jwe [jweh] *v* play
jwenn [jwen] *v* find
jwèt [jwet] *n* game, toy
jwi [jwee] *v* enjoy
jwif [jweef] *adj* jewish

K

ka [kah] *n* case; quart, quarter
kab [kab] *n* telegram; cable, wire
kabann [kaban] *n* bed
kabicha [kahbeesha] *v* nap
kabin [kabeen] *n* cabin
kabinè [kabeeneh] *n* office; toilet, *v* bowel movement
kabrit [kahbrit] *n* goat
kabwèt [kabwet] *n* carriage
kach [cash] *n* cash
kache [cachet] *v* conceal, hide
kadans [kadanhs] *n* cadence
kadav [kadav] *n* cadaver, corpse
kadna [kahdna] *n* lock, padlock
kadnase [kahdnahseh] *v* lock
kado [kahdo] *n* gift, present
kafe [cafe] *n* coffee; bar, pub
kajole [kajholay] *v* cajole, coax
kakas [kakas] *n* carcass
kalamite [kalameetay] *n* calamity
kalbas [kahlbas] *n* squash
kale [kaley] *v* beat, peel

kalite [kalitay] *n* attribute, quality, *adj* such
kalkile [kalkeelay] *v* calculate, think
kalm [kalm] *adj* calm
kalmason [kahlmahsonh] *n* snail
kalòj [kalohj] *n* cage
kalomnye [kahlomnyeh] *v* defame, slander
kalonnen [kahlonenh] *v* pelt, pound
kalòt [kahlot] *n* slap
kamera [kameyra] *n* camera
kanape [canape] *n* couch
kanbriyole [kanhbreeyoleh] *v* burglarize
kanistè [canister] *n* canister
kanmarad [kanhmarad] *n* comrade
kanmenm [kanhmenhm] *adv* indeed
kann [kahn] *n* sugar cane
kanna [kahna] *n* duck, *adj* crooked
kannay [kanhahy] *n* scoundrel
kanno [kanhno] *n* gun
kanpe [kanhpeh] *v* stand, raise
kanpman [kampmanh] *n* camp
kansè [kanhseh] *n* cancer
kanson [kanhsonh] slacks
kantin [kanhteen] *n* canteen
kantite [kanhteeteh] *n* quantity
kaoutchou [kawotshoe] *n* tire, rubber
kap [cap] *n* kite

kapab [khapab] *adj* able, capable, *v* can
kapasite [kapasitay] *n* capacity
kapital [kapital] *adj/n* capital
kapon [kaponh] *adj/n* coward
kapris [kahprees] *n* fad, whim
kaptif [kaptif] *adj* captive
kaptire [kapteeray] *v* capture
kaptive [kaptiveh] *v* captivate
karakteristik [characteristic] *n* characteristic
karakterize [characterizeh] *v* characterize
karant [kahranht] *adj* forty
kare [karay] *adj* square; bold; audacious
karès [kahress] *n* caress
karòt [kahrot] *n* carrot
karyè [karyeh] *n* career; quarry
kase [kahsey] *v* break
kasròl [kahswol] *n* pan
kat [kat] *adj* four, *n* card; map
katedral [katehdral] *n* cathedral
katreven [kahtrehvenh] *adj* eighty
katrevendis [kahtrevenhdis] *adj* ninety
katye [kahtyeh] *n* quarter, neighborhood
kav [kav] *n* cellar
kavya [kavya] *n* caviar, ze pwason
kaw [kaw] *n* crow, raven

kay [caille] *n* house, dwelling
kaye [kayeh] *n* notebook, *v* curdle, *adj* complex
kazwèl [kahzwell] *adj* timid, bashful
ke bèf [kehbef] *n* oxtail
kè [keh] *n* heart, centre
kèk [kehk] *adj* some, a few
kèlkeswa [kelkeswa] *prn* whatever
kenbe [kenhbeh] *v* (with)hold, arrest, detain, keep; ontend
kenz [kenhz] *adj* fifteen
kèplen [kehplenh] nausea, qualm
kès [kess] *n* box, case
kesyon [kehsyonh] *n* question
kesyone [kehsyoneh] *v* question
keyi [kehyee] *v* harvest, pick
kibò [keeboh] *adv* where
kidnape [kidnapeh] *v* abduct
kidonk [keedonk] *adv* whence
kijan [keejhanh] *adv* how
kikote [keekoteh] *adv* where
kilè [keeleh] *adv* when
kilès [keeless] *adj* which, who
kilt [kilt] *n* cult
kilti [kiltee] *n* culture
kim [keem] *n* suds

kimoun [keemoon] *prn* who
kin [kin] paran
kirye [kiryeh] *adj* curious
kisa [keesah] *adj* what
kite [keeteh] *v* abandon, leave
kiyè [keeyeh] *n* spoon
kizin [keezeen] *n* kitchen
kizinyè [keezeenyeh] *n* cook
klakxonn [klaxon] *n* horn
klarifye [klarifyeh] *v* clarify
klas [class] *n* class
lase [klahseh] *v* classify; file
kle [kleh] *n* key
klè [kleh] *adj* clear, explicit
klè [kleh] *adj* clear, distinct, transparent
klèje [klehjeh] *n* clergyman
klere [klereh] *adj* bright, shiny, *v* flash, shine, sparkle
klik [click] *n* gang
klima [kleemah] *n* weather
klòch [klosh] *n* bell
kloròks [clorox] *n* bleach
klou [kloo] *n* nail
kloure [klooreh] *v* nail
kò [koh] *n* body
koabite [koabeeteh] *v* cohabit

kòb [kob] *n* money
kòche [kosheh] *v* abrade, scrape
kochon [kohshonh] *n* pig, swine
kòd postal zip
kòd [kod] *n* cord, rope, string
kodak [kokak] *n* camera
kodenn [kohden] *n* turkey
koefisyan [koefiseeanh] *n* coefficient
kòf [koff] *n* trunk
kòfrefò [kofrehfoh] *n* safe
kòk [cock] *n* rooster; penis
koken [kohkenh] *n* rascal, knave
koki [kohkee] *n* shell
koklich [kohklish] *n* red eye
kòkraze [kohkrazeh] *n* lassitude, *adj* sore
kòl [kol] *n* collar
kola [kola] *n* kola
kolabore [kolaboreh] *v* collaborate
kolasyon [kolaseeonh] *n* breakfast
kole [kohleh] *v* stick,
kòlè [koleh] *n* anger, bile
kolèj [kohlehj] *n* college
kolekte [kolekteh] *v* collect
koli [kohlee] *n* package
kolòn [kohlon] *n* column
kolonèl [kohlonel] colonel *n*

kolore [kohloreh] *v* color, dye
kolore [kohlohreh] *v* color
kòman [kohmanh] *adv* how
kòmande [komanhdeh] *v* command, order
kòmande [komanhdeh] *v* order
kòmann [koman] *n* order
kòmann [koman] *n* command
kòmanse [komanhseh] *v* begin, commence; start
komen [kohmenh] *adj* common
komès [kohmess] *n* commerce, business
komèt [kohmet] *n* comet, *v* commit
komi [kohmee] *n* clerk
komik [komeek] *adj* silly
komik [kohmik] *adj* funny, *n* cartoon
kominike [kominikeh] *v* communicate, *n* communiqué
komisyon [kohmeesyonh] *n* errand; commission
kòn [konn] *n* horn
kondane [konhdaneh] *v* condemn
kondiktè [kodikteh] *n* driver
kondisyon [konhdeeseeonh] *n* condition
kondui [konhdui] *v* drive
konduit [konhduit] *n* conduct
konekte [kohnekteh] *v* connect

konesans [kohnesanhs] *n* knowledge; acquaintance
kònèy [konehy] *n* crow
konfese [konhfeseh] *v* confess
konfime [konhfimeh] *v* confirm
konfiti [konhfeetee] *n* preserve
konfizyon [konhfizyonh] *n* confusion
konfò [konfoh] *n* comfort, amenity
konfòme [konhfomeh] *v* conform
konfòtab [konhfotab] *adj* comfortable
konje [konhjeh] *n* holiday
konjeste [conhjesteh] *adj* congested, *v* congest
konjle [konhjleh] *v* freeze, *adj* frozen
konjwen [konhjwenh] *n* spouse, companion
konkeri [konhkeree] *v* conquer
konkli [konhklee] *v* conclude
konkonm [konhkom] *n* cucumber
konkou [konhkoo] *n* competition, contest; assistance
konnen [konhnenh] *v* know
konpare [konhpareh] *v* compare
konpayon [konhpayonh] *n* companion, escort
konpetan [konhpetanh] *adj* capable, competent

konpetisyon [konhpeteeseeonh] *n* competition, contest

konplè [konhpleh] *n* outfit, suit

konplèt [konhplet] *adj* complete

konplete [konhpleteh] *v* complete

konplètman [konhpletmanh] *adv* completely, wholly

konplike [konhpleekeh] *adj* complicated, *v* complicate

konplote [konhploteh] *v* plot

konpòte [konhpoteh] *v* behave

konpoze [konhpozeh] *n* mixture, compound

konpoze [konhpozeh] *v* compose; take an examination

konprann [konhpran] *n* wit, understanding, *v* understand

konprann [konhpran] *v* comprehend, understand

konsanti [konhsanhtee] *v* agree, consent

konsekans [konhsehkanhs] *n* consequence

konsèp [konhsep] *n* concept

konsèy [konhsehy] *n* advice, council

konsèye [konhsehyeh] *n* counselor

konsidere [konhsidereh] *v* consider

konsilte [konhsilteh] *v* to be examined, consult

konsiste [konhsisteh] *v* consist
konsole [konhsohle] *v* console
konsolide [konhsolideh] *v* consolidate
konsonmen [konhsonhmenh] *n* soup, *v* consume
konstan [konhtanh] *adj* constant
konstant [konhstant] *n* constant
konstitye [konhstityeh] *v* constitute
konstrui [konhstwi] *v* construct
konstwi [konstwee] *v* build
konsyans [konhsyanhs] *n* conscience
kont [konht] *adj* enough, plenty
kont [kont] *prp* against
kont [kont] *n* account, tale
kont [konht] *n* tale
kontamine [konhtamineh] *v* contaminate
kontan [konhtanh] *n* cash
kontan [konhtanh] *adj* happy, jolly, glad
kontanple [konhtanpleh] *v* contemplate, gaze, behold
kontante [konhtanteh] *v* satisfy
kontantman [konhtantmanh] *n* delight, joy
konte [konhteh] *v* count
konte [konteh] *v* count
kontinye [kontinyeh] *v* continue
kontinye [konhteenyeh] *v* continue, proceed

kontni [kontnee] *n* content
kontòsyone [konhtoseeoneh] *v* contort
kontoune [kontooneh] *v* bypass
kontra [konhtra] *n* contract
kontraryete [konhtraryehteh] *n* chagrin, aggravation; orry
kontrè [kontreh] *adj* opposed contrary
kontredi [konhtredee] *v* contradict, contravene
kontrekare [konhtrekareh] *v* challenge
kontrenn [konhtren] *v* constrain, coerce
kontrenn [konhstren] *v* constrain
kontribye [konhtribyeh] *v* contribute
konvalesans [konhvalehsanhs] *n* remission
konvansyon [kohnvahnsionh] *n* convention
konvenk [kohnvenk] *v* convince
konvèsasyon [kohnvehsasionh] *n* conversation
konvnab [konhvnab] *adj* convenient, proper
konvoke [konhvokeh] *v* summon, convene
konvwate [konhvwahteh] lust
konyak [cognac] *n* cognac
konyensidans [konhhensidanhs] *n* coincidence
kopi [kohpee] *n* copy
kopye [kohpyeh] *v* copy, imitate

kòrèk [korrek] *adj* correct
koresponn [kohrespon] *v* face up, correspond; challenge
koridò [kohreedoh] *n* hall
korije [kohreejeh] *v* correct, amend
kòronp [korronmp] *v* bribe; corrupt
koryas [kohrias] *adj* coarse, rugged, tough
kostim [kohsteem] *n* suit
kòt [kot] *n* rib
kote [kohteh] *n* side
kote [kohteh] *adv* where, *adj* next to
kote , *v* place
koton [kohtonh] *v* cotton
kou [koo] *n* neck; blow, hit, *adv* like
koube [koobeh] *v* bend, *adj* bent
kouche [koosheh] *v* lay down
koud [kood] *v* sew, *n* elbow
koukou [cuckoo] *n* owl
koule [kooley] *v* flow; dive; sink
koulè [kooleh] *n* color
koulèv [koolev] *n* snake, serpent
kounye-a [koonyeh-a] *adv* now, presently
koup [koop] *n* couple; cut (hair, clothing)
koupab [koopab] *adj* guilty, *n* convict
koupe [koopeh] *v* cut, chop, incise
kouraj [kooraj] *n* courage, strength, mettle

kouran [kooranh] *adj* current; fluent, *n* current
kourandè [kooranhdeh] *n* draft
kouri dèyè [kooree dehyeh] *v* chase
kouri [kooree] *v* run
kous [koos] *n* race
kousen [koosenh] *n* cushion
kout [koot] *adj* short; concise
koutcha [kootcha] *n* style, manner; culture
koute [kooteh] *v* cost
koutfwèt [koofwet] *n* lash
koutim [kootim] *n* custom
koutiryè [kooteeryeh] *n* dressmaker
koutje [kootjeh] *n* look
kouto [kooto] *n* knife
koutpwen [kootpwenh] *n* jab
koutwa [kootwa] *adj* courteous
koutye [kootyeh] *n* broker
kouvèti [koovettee] *n* cover, lid; blanket, quilt
kouvri [koovree][*v* cover, coat; hide
kòz [koz] *n* cause
koze [kohzeh] *n* conversation, chat, rumor, *v* alk, converse
krache [krasheh] *n/v* spit, saliva
krak [krak] *n* crack

krake [krakeh] *v* creak, split
kranpon [kranhponh] *n* clamp
krapo [krapo] *n* frog
kras [crass] *n* dirt, scum
kravat [kravat] *n* tie
kraze [krazey] *v* break, *adj* broken, destroyed, rashed
kraze [krahzeh] *v* mash, squash, snash
kre [kreh] *adj* hollow
kredi [krehdee] *n* credit
kredite [krehdeeteh] *v* credit
krèm [krehm] *n* cream
kretyen [kretyenh] *adj* christian; being
kreyati [krehati] *n* creature,
kreye [krehyeh] *v* create
kreyon [krehyonh] *n* pencil
kri [kree] *adj* raw, crude
kribich [kreebish] *n* shrimp, crayfish
krich [kreesh] *n* jug, pitcher
krim [kreem] *n* crime
kriminel [criminel] *n* felon, *adj* criminal
kripya [kreepya] *adj* avaricious, selfish
kripya [kreepya] *adj* stingy
krisifye [kreesifyeh] *v* crucify
kriye [kriyeh] *v* cry, sob, weep
kriyèl [kreeyehl] *adj* cruel

krizokal, djanni *v* kapwonnen fake
krochi [kwoshee] *adj* askew, bent
krout [kroot] *n* crumb, crust
krout [kroot] *n* scab
kui [kui] *n* leather
kuis [kuis] *n* thigh
kuiv [kuiv] copper
kwa [kwa] *n* cross
kwafè [kwafeh] *n* barber
kwaze [kwazeh] *v* cross, breed
kwazyè [kwazyeh] *n* cruise
kwè [kweh] *v* believe, trust
kwen [kwenh] *n* corner
kwense [kwenseh] *v* corner
kwòk [kwok] *n* fang, hook
kwoke [kwokeh] *v* hug, embrace; hook

L

la [lah] *adv* here
la kochon [lahkoshon] *n* bacon
labank [lahbanhk] *n* bank
labou [laboo] *n* mud
labrim [labrim] *n* mist
labrin [labreen] *n* dusk
lachas [lahshass] *n* hunting
lacho [lasho] *n* lime
ladesant [ladessant] *n* shelter, lodging
ladwan [ladwan] *n* custom
lafimen [lafeemenh] *n* smoke
lafwa [lafwa] *n* faith
lafyèv [lafyehv] *n* fever
lage [lahgay] *v* drop; let go, quit; forsake
lagè [lageh] *n* war
lagras [lagrass] *n* grace
laj [lahj] *n* age
laj [lahj] *adj* large, broad, wide
lajan [lahjanh] *n* currency, money
lajenès [lahjehness] *n* youth
lajistis [lajeestis] *n* justice
lak [lak] *n* lake

lakay [lahkahy] *n* home
lakizin [lahkeezeen] *n* kitchen
lakòl [lakol] *n* glue
lakou [lakoo] *n* yard, court
lakòz [lakoz] *n* cause, reason
lakre [lakreh] chalk *n*
lalin [laleen] *n* moon
lalwa [lalwa] *n* law
lam [lam] *n* blade, wave
lamòd [lamod] *n* fashion, vogue
lanbe [lanhbeh] *v* lick
lanbinen [lanhbeenenh] *v* dally, dawdle
lane [lahneh] *n* year, *adv* yearly
lanèj [lanehj] *n* snow
lanfè [lanhfeh] *n* hell
lang [lang] *n* language, tongue
lank [lanhk] *n* ink
lanmè [lanhmeh] *n* sea
lannuit [lanhnuit] *n* night
lantèman [lanhtehmanh] *n* funeral, burial
lantouray [lanhtoorahy] *n* fence; surrounding
lapè [lapeh] *n* peace
lapèch [lapesh] *n* fishing, catch
lapen [lahpenh] *n* rabbit
lapenn [lahpen] *n* grief, sorrow
laplenn [lahplen] *n* plain, countryside

lapli [laplee] *n* rain
lapòs [lahpos] *n* post office
laprès press
lari [laree] n street
larouze [laroozeh] *n* dew
lasajès [lasahjess] *n* wisdom
lasante [lahsanhteh] *n* health
lasisiy [laseesiy] *n* enticement, seduction, lure, *v* tantalize
lasosyete [lahsosyeteh] *n* society
lasoup [lahsoup] *n* soup
latè [lahteh] *n* Earth
laterè [lahtehreh] *n* terror
lavant [lavant] *n* sale
lave [lahveh] *v* wash
laverite [lahveriteh] *n* truth
lavi [lavee] *n* life
lavil [lahveal] *n* town, downtown
lay [lahy] *n* garlic
lè [leh] *n* air;
lè [leh] *n* hour, time; *adv* when
lèd [lead] *adj* ugly
legim [legim] *n* vegetable, produce
legliz [lehgliz] *n* church
lejand [lejanhd] *n* caption; legend, *adj* untrue

leje [lehjeh] *adj* light
lekòl [lehkol] *n* school
lekti [lektee] *n* reading
lemonn [lehmon] *n* world
lendi [lenhdee] *n* Monday
lenmi [lenmee] *n* enemy, foe
lenn [len] *n* blanket, linen; wool
lentansyon [lenhtanhsyonh] *n* intent
lepase [lehpaseh] *n* past
lès [less] *n* east
lese [lehseh] *v* leave, quit
lesiv [lehsiv] *n* laundry, wash
leson [lessonh] *n* lesson
lesovè [lehsohveh] *n* savior
lespri [lespree] *n* mind, spirit
lespwa [lesspwa] *n* hope
lèt [let] *n* milk; letter
leta [lehta] *n* state, government
lete [lehteh] *n* summer
lètkaye [lehtkayeh] *n* milk curd
leton [lehtonh] *n* brass
lèv [lev] *n* lip
levanjil [levanhjeel] *n* gospel
leve [lehveh] *v* lift, raise; protrude
leve kanpe [levehkanhpeh] *v* rise
leven [lehvenh] *n* yeast

leza [lezah] *n* lizard
li [lee] *v* read
li [lee] *prn* he; she; it; him; her; -its, his, her
li-menm [leemenhm] *prn* (him/her/it/) self
lib [leeb] *adj* free
libere [leebehreh] *v* free, release
libète [leebehteh] *n* freedom
likid [likid] *n* fluid, liquid
limanite [leemaneeteh] *n* mankind, humanity
limen [leemenh] *v* turn on, *adj* on
limit [limit] *n* limit
limyè [leemyeh] *n* light
lis [lis] *n* list, *adj* smooth
lisans, pèmi, *v* **pèmèt** permit
lisid [lisid] *adj* lucid, sane
lit [lit] *n* struggle
lite [leeteh] *v* struggle, wrestle
liv [leave] *n* book; pound
livè [leeveh] *n* winter
liy [leey] *n* line, lane
lizib [lizib] *adj* legible
lizyè [leezeeheh] *n* border, limit
lò [loh] *n* gold
lòd [lod] *n* order, command

lòdè [lohdeh] *n* odor
loje [lojeh] *v* accommodate
lokal [lokahl] *adj* local, domestic
lokalize [lokaleezeh] *v* locate
lokatè [lokateh] *n* tenant
lonbraj [lonhbrahj] *n* shade, shadow
lonè [loneh] *n* honor
long [long] *adj* long
longè [lonhgeh] *n* length
lopital [lohpitahl] *n* hospital
loray [lorahy] *n* thunder
loseyan [losehyanh] *n* ocean
lòt [lot] *adj* other
lòtbò [lotboh] *adv* abroad, beyond
lote [lohteh] *v* allot
lotè [loteh] *n* author, agent, cause
lotòn [lotohn] *n* autumn, fall
lotri [lotree] *n* lottery
lou [loo] *adj* heavy
louch [loosh] *n* ladle
louvri [loovree] *v* open
luil [luil] *n* oil
luile [luileh] *v* oil
lwa [lwa] *n* law, rule; god, saint
lwaye [lwayeh] *n* lease, rental
lwazi [lwazee] *n* leisure

89

lwe [lweh] *v* rent
lwen [lwenh] *adj* far, remote; austere, *adv* away
lwès [lwess] *n* west
lyas [lhyass] *n* bundle
lyen [lyenh] *n* link
lyezon [liayzonh] *n* affair, link
lyon [lyonh] *n* lion

M

ma [mah] *n* coffee grounds
mach [mash] *n* stair step
machandaj [mashanhdahj] *n* bargaining
machande [mashanhdeh] *v* bargain, haggle
mache [masheh] *n* market, *v* walk; chew
machin [machine] *n* vehicle, machine
machwa [machwa] *n* jaw
madanm [madam] *n* lady, woman, wife
madi [mahdee] *n* Tuesday
madjigridji [magigreegi] *v* scribble
magazen [magazenh] *n* store, shop
magouy [mahgooy] *n* enigma, mystery
magouyè [mahgooyeh]*n* con, swindler
majik [majeek] *adj* magic
majò [mahjoh] *n* major
majore [mahjoreh] *v* overcharge
mak [mak] *n* mark, feature spot; make
makak [makak] *n* monkey
make [mahkeh] *v* mark, scratch
mal [mahl] *adj* bad, wrong, *n* ache; male
malad [malad] *adj* ill, sick
maladi [maladee] *n* disease

maladwa [maladwa] *adj* clumsy
malè [mahleh] *n* misfortune
malediksyon [maledikseeonh] *n* curse
malen [mahlenh] *adj* cunning
malere [mahlehreh] *n* indigent
malerezman [mahlehrezmanh] *adv* unfortunately
malfini [malfini] *n* hawk
malgre [malgreh] *adv* although, despite
malis [malis] *n* malice
malmennen [malmenhnenh] *v* torture
malpwòp [malpwop] *adj* nasty, dirty
maltèt [maltet] *n* headache
maltrete [maltrehteh] *v* mistreat, hurt, harm
mamè [mahmeh] *n* nun
manch [mansh] *n* sleeve
manda [manhdah] *n* warrant; check; guarantee
mande [manhdeh] *v* ask, demand; beg
mandyan [manhdianh] *n* beggar
mani [mahnee] *n* habit, vice
manifoul [mahneefool] *n* manifold
maniskri [maniskree] *n* manuscript
manje [manhjeh] *v* eat, *n* aliment, food, meal, utrition
manje midi [manhjeh meedee] *n* lunch

mank [manhk] *n* lack, shortage
manke [manhkeh] *v* lack, miss
manm [manhm] *n* member
manman [mahnmahn] *n* mother, *adj* enormous, huge
mannken [mankenh] *n* mannequin
mansyon [manhsyonh] *n* mansion; mention
mansyone [manhsyoneh] *v* mention
mant [manht] *n* mint
mantal [manhtal] *adj* mental
mantè [manhteh] *n* liar
manti [mahtee] *n* lie, *adj* false
manton [manhtonh] *n* chin
manyak [mahniahk] *adj/n* maniac
manyèl [mahnyehl] *n* book, manual, *adj* manual
manyen [manhyenh] *v* touch, handle; manipulate
mare [mahreh] *v* tie, unite; fasten
marekaj [mahrehkahj] *n* marsh, swamp
mari [mahree] *n* husband
maron [mahwonh] *adj* brown; escaped, *v* escape
maryaj [mahriaj] *n* marriage
marye [mahryeh] *v* marry, couple
mas [mass] *n* mass, lump

mas [mass] *n* March
mask [mask] *n* mask, cloak
mat [mat] *adj* dull
matant [mahtanht] *n* aunt
match [match] *n* match
aten [mahtenh] *n* morning
matènite [mahtehniteh] *n* maternity
materyèl [mahteryel] *n/adj* material
materyo [mahteryo] *n* material
matla [mahtla] *n* mattress
matlo [mahtlo] *n* seaman
mato [mahto] *n* hammer
matyè [mahtyeh] *n* matter; fecal matter
mayi [mayee] *n* corn, maize
me [meh] *n* May
mèb [meb] *n* furniture
mechan [mehsahnh] *adj* cruel, mean, wicked
mefyans [mehfyanhs] *n* mistrust
mefye [mehfyeh] *v* beware, mistrust
mèki [mehkee] *n* mercury
mekontantman [mehkonhtanhtmanh] *n* discontent
mèkredi [mehkrehdee] *n* Wednesday
melanj [mehlanj] *n* mix
melanje [mehlanjeh] *v* mix; tangle

melimelo [mehleemehlo] *n* fuss, disturbance
men [menh] *conj* but; *adv* here!
men [menh] *n* hand
menas [mehnass] *n* menace, threat
menase [mehnahseh] *v* threat
menm [menhm] *adj* same
mennen [menhnenh] *v* bring
menòt [mehnot] *n* handcuffs
mens [menhs] *adj* slim
mentni [mentnee] *v* argue, maintain
mepri [mehpri] *n* contempt
meprize [mehprizeh] *v* despise, scorn
merit [mehrit] *n* merit
merite [meriteh] *v* deserve
mesaj [mehsaj] *n* message
mesaje [mehsajeh] *n* messenger
mesye [mehsyeh] *n* mister, man
mete [mehteh] *v* put, wear
mèt [met] *n* teacher; owner; meter; meter stick
mèt [met] *v* may
mètkay [mehtkahy] *n* host, owner
metrès [mehtress] *n* mistress
mètri [mehtree] *v* bruise
metye [mehtyeh] *n* trade
mèvèy [mehvey] *n* wonder

meyè [mehyeh] *adj* better
mezi [mehzee] *n* measure
mezire [mehzeereh] *v* measure
mi [mee] *n* wall, *adj* mature, ripe
midi [midi] *n* noon
mil [mil] *adj* thousand
min [mean] *n* mine
minè [meaneh] *n/adj* minor
minrè [meanreh] *n* ore
mirak [mirak] *n* miracle
mis [miss] *n* nurse, Ms.
misk [misk] *n* musk, brawn
miskle [miskleh] *adj* muscular, brawny, hefty
mistik [meestik] *adj* mysterious
misyon [meesyonh] *n* assignment, mission
mitan [meetanh] *n* center, heart; middle
miwa [miwa] *n* mirror
miwate [miwateh] *v* gleam
miyò [meeyoh] *adj/adv* better
mizè [meezeh] *n* misery, wretch
mizerab [meezerab] *adj* miserable, wretched
mo [mo] *n* word
mò [moh] *n* cadaver, dead
mòde [mohdeh] *v* bite
modèl [mohdel] *n* model, pattern

modele [modleh] *v* model, pattern
modere [mohdereh] *adj* moderate
modès [mohdess] *adj* modest, humble
modi [modee] *v* curse, damn, *adj* cursed
mòflè [muffleh] *n* exhaust
moke [mohkeh] *v* mock
mòksis [moksis] *adj* gloomy, sullen
moleste [mohlesteh] *v* molest
moman [mohmanh] *n* moment, instant
mòn [monn] *n* hill, mount, mountain
monnen [monhenh] *n* change
monnonk [monhnonhk] *n* uncle
mons [monhs] *n* monster
monsenyè [monhseyeh] *n* archbishop
mont [mont] *n* watch
montan [monhtanh] *n* amount, proceeds, total
monte (machin, chwal) ride
monte [monhteh] *v* ascend, climb *n* ascent
monte [monhteh] *v* lift, raise
montre [monhtreh] *v* show, indicate, teach, instruct
moso [mohso] *n* chunk, piece, part
motè [mohteh] *n* motor
mou [moo] *adj* soft
mouch [moosh] *n* fly

mouche [moosheh] *v* wipe/blow nose, *n* man; husband

mouchwa [mooshwa] *n* handkerchief

moulen [moolenh] *v* grind; chew, *n* grinder; mill

moumou [moomoo] *n* bathrobe

moun [moon] *n* person, individual

mouri [mooree] *adj* dead, *v* die, deaden, diminish

moustach [moustache] *n* moustache

moustik [moostik] *n* mosquito

mouton [mootonh] *n* sheep, lamb, mutton

mouvman [moovmanh] *n* movement, motion

mouye [mooyeh] *adj* wet, moist

move [mohveh] *adj* bad, mean, unhappy; evil

movezè [mohvehzeh] *n* (bad) spirit

mwa [mwa] *n* month

mwat [mwat] *adj* moist, damp

mwatye [mwatyeh] *n* half

mwayen [mwayenh] *n* means, *adj* average

mwayèn [mwayehn] *n* average, mean; capacity

mwen [mwenh] *prn* I, me, my

mwenn [mwen] *adj* least

mwens [mwenhs] *adj* less
mye [myeh] *adv* better
myèl [myehl] *n* bee
myèt [myeht] *n* crumb

N

naje [nahjeh] *v* swim
nan [nanh] *prp* in, into
nandòmi [nanhdohmee] *adj* asleep
nanm [nanhm] *n* soul
narin [nahreen] *n* nostril
nasyon [nahsyonh] *n* nation
natif-natal [nateef-natal] *adj* local, native
navige [nahveegeh] *v* sail
ne [neh] *n* knot, node
nèf [nef] *adj* nine; new
nèg [neg] *n* fellow, man
neglijan [nehgleejanh] *adj* negligent, lax
neglije [nehgleejeh] *v* neglect
negòs [negos] *n* commerce, business
nekoulan [nehkoolanh] *n* noose
nemoni [nehmonee] *n* pneumonia
nen [nenh] *n* nose
nenpòt [nenhpot] *adj* any; either
nenpòt kijan [nenhpot keejanh] *adv* somehow
nesesè [nehsehseh] *adj* necessary
nesesite [necessiteh] *n* necessity

netwaye [nehtwayeh] *v* clean
neve [nehveh] *n* nephew
ni... ni [nee...nee] *conj* neither
nich [nish] *n* nest
nivle [neevleh] *v* grade, level
nivo [nivo] *n* level
nizans [nizanhs] *n* nuisance
non [nonh] *n* name, no {negation}
nonm [nonhm] *n* number; male companion
nonmen [nonhmenh] *v* name, nominate; appoint
nonsans [nonhsanhs] *n* nonsense
nosif [nosif] *adj* noxious
nosyon [nohsyonh] *n* notion
nòt [not] *n* note; entry
note [nohteh] *v* record, note, log
nou [noo] *prn* we, us, our
nouri [nooree] *v* feed, nourish
nouvèl [noovel] *n* news
nouvo [noovo] *adj* new, recent
novanm [nohvanhm] *n* November
noze [nohzeh] *n* nausea, qualm
nuaj [nuahj] *n* cloud
nuit [nuit] *n* night
nuizib [nuizib] *adj* annoying, bothersome
nwa [nwa] *adj* black, dark; *n* nut

nwaye [nwayeh] *v* drown
Nwèl [nwel] *n* Christmas

O

obeyi [obehyee] *v* obey
obeyisan [obehyeesanh] *adj* obedient
obèz [obez] *adj* obese
objè [objeh] *n* goal, purpose
objektif [objehkteef] *n* goal
oblije [obleejeh] *v* oblige, force
obsede [obsehdeh] *v* obsess, *adj* obsessed
obsèn [obsehn] *adj* obscene
obsève [obsehveh] *v* observe; reprimand
obstak [obstak] *n* obstacle
obstine [obstineh] *adj* obstinate
odasye [audasyeh] *adj* audacious
odè [audeh] *n* smell, scent; bouquet
odè [ohdeh] *n* odor, smell
òdinè [oddeeneh] *adj* ordinary, banal
òdone [ohdoneh] *v* order
òf [off] *n* offer, bid
ofans [ohfanhs] *n* offense
ofanse [ohfanhseh] *v* offend
òfelen [offehlenh] *n* orphan
ofisye [ohfeesyeh] *n* officer
ofri [ohfree] *v* offer

òganize [ohgahnizeh] *v* organize, arrange
ogmantasyon [ogmanhtahsyonh] *n* increase
ogmante [ohgmanhteh] *v* augment, add, increase
okazyon [ohkahzyonh] *n* occasion, opportunity
okenn kote [ohken kohteh] *adv* nowhere
okenn [oken] *adj* no, none
okèt [ohket] *n* hiccup
okipe [okeepeh] *v* handle; occupy, *adj* busy
okouran [ohkouranh] *adv* abreast
oktòb [ohktob] *n* October
òl [all] *n* hall
oliv [ohliv] olive
olye [ohlyeh] *prp* instead
omilye [ohmeelyeh] *n* center, middle
òne [ohneh] *v* adorn, decorate
onèt [ohnet] *adj* honest, proper
onfwa [onhfwa] *adv* once
onka [onhkah] *adj* quarter, quart
onlòt [onhlot] *adj/prn* another
onz [onhz] *adj* eleven
opinyon [ohpinyonh] *n* opinion
opòtinite [ohpotiniteh] *n* opportunity
opoze [opozeh] *v* oppose
opoze [opozeh] *adj* against

oral [ohral] *adj* oral, recited
oranj [oranhj] *adj* orange
orè [oerh] *n* schedule
orijin [orijhin] *n* origin
osinon [ohsinonh] *conj* else
osinon [ohseenonh] *conj* or else
ositou [oseetwo] *adv* also
ospitalite [ospitaliteh] *n* hospitality
oswa [oswa] *conj* either
otan [otanh] *prp* so, so much; stop! enough
otè [oteh] *n* author; height
otès [otess] *n* hostess
otobis [ohtobis] *n* bus
otorize [ohtoreezeh] *v* authorize, allow; empower
otou [ohtou] *adv* surrounding, around
ou [woo] *prn* you, your
ou-menm [woo-menhm] *prn* yourself
out [oot] *n* August
ouvri [oovree] *v* open, extend
ouvriye [ouvriyeh] *n* worker

P

pa [pah] *n* step
padonnen [pahdonhnenh] *v* forgive
padsi [padsee] *n* overcoat
pafen [pafenh] *n* perfume
Pak [pak] *n* Easter
pake [pakeh] *n* bundle, pack, parcel
pal [pal] *adj* dim, faint, pale
pale [pahlayh] *v* speak
palè [paleh] *n* palace
palmante [palmanhteh] *v* parley
palmis [palmiss] *n* palmtree
pami [pamee] *prp* among
pàn [pahn] *n* malfunction
panche [panhsheh] *v* lean
pandan [panhdanh] *prp* during, while
panik [paneek] *n* panic
panno [panhno] *n* panel, wall
panse [panhseh] *v* nurse; *v* think, *n* hought
pant [panht] *n* slope, inclination
pantalon [panhtalonh] *n* slacks, trousers, pants

pantan [panhtanh] *adj* surprised, taken aback, startled
panye [panyeh] *n* basket
papa [papa] *n* father, daddy, *adj* enormous, mmense
papiyon [papeeyonh] *n* butterfly, moth, gnat
papye [papyeh] *n* paper
papye twalèt [papyeh twalet] *n* tissue
paradi [pahrahdee] *n* paradise
paralizi [pahrahleezee] *n* palsy
paran [pahranh] *n* parent, relative; family
parapè [parapeh] *n* railing
parazit [pahrahzeet] *n* parasite, vermin
pare [pahreh] *v* ward off, *adj* ready
parese [pahrehseh] *adj* lazy, sluggard
parèt [pareht] *v* appear, come forward
parèy [pahrehy] *adj* alike, similar
pari [paree] *n* bid, bet
paryaj [paryahj] *n* betting
parye [paryeh] *v* bet, wager
pasaje [pahsahjeh] *n* passenger
pase [paseh] *adj* past, last, *v* pass, *adv* go
pasèl [passel] *n* plot
paske [paskeh] *conj* because
pastan [pastanh] *n* leisure
pasyans [pasyanhs] *n* patience

pasyon [pahsyonh] *n* passion
pat [pat] *n* dough, batter
pat [pat] *n* paw, hoof
pataje [pahtahjeh] *v* share
patch [patch] *n* patch
patche [patsheh] *v* patch
patè [pateh] *n* landscape
paten [pahtenh] skate
pati [pahtee] *v* leave, go out, travel
patikilye [pahteekeelye] *adj* particular
patisipe [pahtisipeh] participate, partake
patisri [pahtisree] *n* pastry
patnè [patneh] *n* partner; chum
patoje [pahtojeh] *v* wade
patron [patwonh] *n* boss
pave [pahveh] *v* pave
pay [pye] *n* straw
payas [payas] *n* decoy
pè [peh] *n* pair, *adj* double
pè [peh] *adj* afraid, fearful
pè [peh] *n* priest
pèch [pesh] *n* peach
peche [pesheh] *n/v* sin
pedal [pehdahl] *n* pedal
pedale [pehdahleh] *v* pedal
pèdi [pehdee] *v* lose, misguide

pèmanan [pehmananh] *adj* permanent
pèmèt [pehmet] *v* allow, permit
pen [penh] *n* bread, loaf
penetre [pehnehtreh] *v* penetrate, enter
peng [peng] *adj* stingy, selfish
pens [penhs] *n* pliers, pincers
penti [penhti] *n* paint
pentire [penhtireh] *v* paint
peny [penhy] *n* comb
pèp [pep] *n* people
peri [pehri] *v* perish
perime [peḥreemeh] *v* lapse
peryòd [pehriod] *n* period, epoch; menstruation
pèse [pehseh] *v* pierce
pèsekite [pehsekiteh] *v* persecute
pèsi [pehsee] *n* parsley
pèsiste [pehsisteh] *v* persist
pèsonn [pehson] *prn* nobody
pespektiv [pespektiv] *n* outlook
pèsuade [pessuadeh] *v* persuade
pèt [pet] *n* loss, chagrin; fart
pete [pehteh] explode, burst, explode, erupt; fart
peteje [pehtehjeh] *v* blind, dazzle
petèt [pehtet] *adv* perhaps, maybe

petròl [petwol] *n* petrol
peye [pehyeh] *v* pay
peyi [payee] *n* country, *adj* domestic, folk
peyizan [payeezanh] *n* peasant
peze [pehzeh] *adj* heavy
peze [pehzeh] *v* weigh, press; depress; extort
pi...pase [pee...passe] *adv* more... than
piblisite [peebliseeteh] *n* advertisement
pibliye [pibliyeh] *v* publish
pijon [peejonh] *n* pigeon, dove; penis
pike [peekeh] *v* prick, *adj* sharp, keen
pil sab [peel sab] *n* dune
pil fatra [peel fatra] *n* dump
pil [peel] *n* heap, pile
pilwen [peelwenh] *adj* farther
pilye [peelyeh] pillar
pilye [peelyeh] *n* column
pimal [peemal] *adj* worse
piman [peemanh] *n* pepper
pinèz [peenez] *n* bug, flea
pini [peenee] *v* forbid, punish; reprimand
pinisyon [pinisyonh] *n* punishment
pip [peep] *n* pipe
pirifye [pirifyeh] *v* purify
pis [piss] *n* flea
pisans [pisanhs] *n* power

pisin [pisin] *n* pool
piti [pitee] *adj* small, little
pitit [piteet] *n* child
pitit gason [piteet gahsonh] *n* son
pito [pito] *adv* rather, *v* prefer
pitye [pityeh] *n* mercy, pity
plafon [plafonh] *n* ceiling
plaj [plahj] *n* beach
plake [plahkeh] *v* affix, *adj* tight
plamen [plahmenh] *n* palm
planch [planch] *n* board
plannen [planhnenh] *v* fly, glide, hover; pawn
plant [plant] *n* plant
plantasyon [planhtahsyonh] *n* plantation, farm
plas [plas] *n* space; location
plasebo [plahsehbo] *n* placebo
plat [plaht] *n* plate, dish, *adj* flat, shallow
platfòm [platfohm] *n* deck
plato [plahto] *n* tray; valley
plè [pleh] *v* please
plèd [pled] *n* plea
plede [plehdeh] *v* plead, implore
plen [plenh] *adj* full
plenyen [plenhyenh] *v* complain

111

plezi [plehzee] *n* delight, pleasure
pli [plee] *n* curl, kink, fold
plim [pleem] *n* pen, feather
plis [pliss] *adv* more; plus
plise [pleeseh] *adj* folded, wrinkled
pliye [pleeyeh] *v* fold, bend, curve
plizyè [pleezyeh] *adj* several
plon [plonh] *n* lead
plonje [plonhjeh] *v* dive, dip; sink, plunge
po figi [pofeegee] *n* cheek
po [poh] *n* skin; peel, rind; pot
pò [poh] *n* harbor
pobouch [poboosh] *n* lip
pòch [posh] *n* pocket
poli [pohlee] *adj* polite
pòm [pohm] *n* apple
pòmdetè [pohmdehteh] *n* potato
pon [ponh] *n* bridge, deck
ponp [ponhp] *n* pump
ponpe [ponhpeh] *v* pump; jump, skip
ponyen [ponhyenh] *v* clench, grab
ponyèt [ponhyet] *n* wrist
poro [pohwo] *n* leek
posede [posehdeh] *v* possess, own
posib [pohsib] *adj* possibly
posiblite [pohsibliteh] *n* possibility

pòslèn [poslen] *n* china
poste [pohsteh] *v* mail; post
pòt [pot] *n* door, entrance
pòtay [pottahy] *n* gate
pote dèy [pohtay dey] *v* mourn
pote [pohtay] *v* bring, carry, bear;
pòtè [potteh] *n* porter
poto [poto] *n* pillar, column
pou [poo] *prp* for; louse
poud [pood] *n* powder, *adj* brittle
poukisa [pookisah] *prp* why
poukont [pookont] *adj* alone
poul [pool] *n* chicken
pouli [poolee] *n* pulley
poupe [poopeh] *n* doll, puppet
pouri [pooree] *adj* rotten, addle, decay, *v* rot
pouriti [pooreeti] *n* decay
pous [poohs] *n* thumb; inch
pousantaj [poosanhtaj] *n* percent, rate
pouse [pooseh] *v* push, jog; bump
pouswiv [poosuiv] *v* pursue, follow
pousyè [poosyeh] *n* dust, dirt
pòv [pov] *adj/n* poor
povrete [pohvreteh] *n* poverty
pran [pranh] *v* take, get; obtain
pranpòz [pranpoz] *v* feign

pranswen [pranhswenh] *v* care, cherish
pratik [pratik] *adj* convenient; *n* client; onvention
preche [presheh] *v* preach, evangelize
predi [prehdee] *v* predict
prefas [prehfas] *n* preface
preferans [preferans] *n* preference, choice
prefere [prehfehreh] *v* prefer, favor
prejije [prehjeejeh] *n* prejudice
prekosyon [prehkohsyonh] *n* caution, precaution
premye [prehmyeh] *adj* first, initial
prensipal [prenhsipal] *adj* principal, major
prentan [prenhtanh] *n* spring
prepare [prehpareh] *v* prepare
prepare [prehpahreh] *v* prepare, *adj* ready
prese [prehseh] *v* hurry, *adj* hurried
presedan [prehsehdanh] *adj* previous
presede [prehsehdeh] *v* precede
presi [prehsee] *adj* exact, precise
presidan [prehzeedanh] *n* president
prèske [preskeh] *adv* almost
prèt [pret] *n* priest
pretann [prehtan] *v* pretend, allude
prete [prehteh] *v* borrow; lend, loan
prèv [prev] *n* proof

prevni [prevnee] *v* warn; prevent
prezaj [prezaj] *n* omen
prezan [prehzanh] *adj* present
prezans [prehzanhs] *n* presence
prezante [prehzanhteh] *v* introduce, present; propose
prezève [prezehveh] *v* preserve
pri [pree] *n* cost, price
pridan [preedan] *adj* prudent
prim [prim] *n* award
prin [prin] *n* plum
prive [preeveh] *adj* private
priye [preeyeh] *v* pray
priz kouran [preez kooranh] *n* plug
priz [preez] *n* grip
prizon [preezonh] *n* prison
probab [probab] *adj* probable
problem [pwoblem] *n* matter, problem
profesè [pwofehseh] *n* professor
profi [pwofee] *n* profit
profite [pwofeeteh] *v* profit
program [pwogram] *n* program; show
projte [pwojteh] *v* forecast, project
proklame [pwoklahmeh] *v* proclaim
prokreye [pwokreyeh] *v* procreate
rolonje [pwolonhjeh] *v* prolong

promès [pwomess] *n* promise
promèt [pwomet] *v* promise
prononse [pwononhseh] *v* pronounce, voice
pròp [prop] *adj* clean
propoze [pwopozeh] *v* propose
propozisyon [propozeeseeonh] *n* proposal, clause
propriyete [pwopriyeteh] *n* land, holding; property
prosè [pwoseh] *n* process; law suit
prospere [pwospehreh] *v* prosper
proteje [pwotehjeh] *v* protect
proteksyon [pwotekseeonh] *n* protection, cover
prouve [pwooveh] *v* prove
provèb [provehb] *n* proverb
ptiti-pitit [piteet-piteet] *n* grandchild
pui/pi [pee] *n* well
pwa [pwa] *n* bean, pea; weight
pwal [pwal] *n* body hair
pwason [pwahsonh] *n* fish
pwatrin [pwatreen] *n* bosom
pwatrin [pwatrin] *n* chest
pwav [pwav] *n* black pepper
pwazon [pwazonh] *n* poison
pwen [pwenh] *n* point, period; spot; fist

pwenti [pwenhti] *adj* acute, sharp
pwenti [pwenhtee] *adj* sharp
pwochen [pwochenh] *adj* next, *n* fellow human
pwodui [pwodui] *v* produce, generate
pwofondè [profonhdeh] *n* depth
pwòp [prop] *adj* neat, tidy
pwopriyetè [pwopriyehtay] *n* landlord, owner
pwovizyon [pwoveezyonh] *n* grocery, provision
pye [pihyeh] *n* foot; leg; tree
pyebwa [pihyehbwa] *n* tree
pyès [pihyes] *n* part, piece
pyese [pihyeseh] *v* mend, patch
pyèsteyat [pihyesteyat] *n* play
pyete [pihyehteh] *v* encroach

Q

R

rach [rash] *n* axe
rache [rasheh] *v* uproot, extricate; mince
rad [rad] *n* clothing; shore
radi [rahdee] *adj* bold, fresh, insolent, impertinent
radyatè [rahdyateh] *n* radiator
radyografi [rahdiografee] *n* x-ray
rafal [rahfahl] *n* gust
rafle [rahfleh] *v* scrape; miss (target)
rafredi [rafredee] *v* chill
raj [rahj] *n* rage
raje [rahjeh] *n* underbrush, grass, weed
rak [rack] *n* bush, *adj* acrid
rakbwa [rakbwa] *n* forest, brush
rakomode [rahkomodeh] *v* mend, patch
rakonte [rahkonhteh] *v* narrate, relate, tell
rale [rahleh] *v* draw, extract, pull, stretch, zoom; oan
raliman [raleemanh] *n* rally
raman [rahmanh] *adv* rarely
rame [rahmeh] *v* paddle, row
ranje [ranhjeh] *n* row

ranje [ranhjeh] *v* fix, repair; arrange, organize
rankont [ranhkont] *n* meeting
rankontre [ranhkontreh] *v* meet
ranmase [ranhmaseh] *v* find, acquire
ranmase [ranhmaseh] *v* gather, pick up; fork
rann [ran] *v* vomit; render
ranni [ranhnee] *v* howl, roar
ranp [ranhp] *n* ramp
ranpe [ranhpeh] *v* crawl, creep, slide
ranpli [ranhplee] *adj* filled, *v* fulfill
ranse [ranhsay] *v* dally, joke
ransè [ranhseh] *n* buffoon
ransi [ranhsee] *adj* rancid
ranson [ranhsonh] *n* ransom
rantre [ranhtreh] *v* enter
ranvwaye [ranhvwayeh] *v* defer, dismiss; expel
ranyon [ranhyonh] *n* rag
rapid [rahpeed] *adj* prompt, rapid, swift
raple [rahpleh] *v* remind
raproche [rapwosheh] *v* bring close, *adj* close
rapyese [rapyehseh] *v* mend, patch
ras kabrit [rahs kabreet] *adj* inbred
ras [rahs] *n* race, breed

rasanble [rahsanhbleh] *v* gather, accumulate, collect; ally
rasin [rahsin] *n* root
rasire [rahseereh] *v* reassure
rasmoun [rahsmoon] *n* race
rasyon [rahsyonh] *n* ration
rat [rat] *n* rat
rate [rahteh] *v* fail, miss
ravaj [rahvaj] *n* ravage
ravèt [ravet] *n* roach
ravin [rahvin] *n* ditch, pit
rayi [rahee] *v* hate, detest, abhor
rayisman [raheesmanh] *n* hatred
raz [raz] *adj* boring
raz [raz] *adj* boring, vague
raze [rahze] *v* shave; maneuver closely
razwa [razwa] *n* razor, *adv* boring
razya [razya] *n* raid
rebelyon [rehbehlyonh] *n* rebellion
rebò [reboh] *n* brim, contour
rèd [red] *adj* tough, rigid, tense
redui [redui] *v* reduce
refere refer refize
[rehfeezeh] *v* refuse, decline
reflechi [refleclee] *v* reflect, think, ponder

règ [reg] *n* rule; period
rega [rehgah] *n* look
regrèt [rehgret] *v* regret
rejè [rehjeh] *n* reject
rejete [rehjehteh] *v* reject; throw up
rejwi [rejwee] rejoice, enjoy
rejyon [rehjyonh] *n* region, zone
reklam [rehklam *n* advertisement
reklamasyon [reklamaseeonh] *n* claim
rekòlt [rehkolt] *n* crop, harvest
rekòlte [rehkolteh] *v* harvest
rekòmande [rehkomanhdeh] recommend, urge
rekonesans [rehkohnehsanhs] *n* gratitude
rekonèt [rehkohnet[*v* recognize
rekonfòte [rekonhfoteh] *v* comfort
rekoni [rehkohni] *adj* known, popular
rekonpans [rehkonhpanhs] *n* reward
rekreyasyon [rehkrehyasyonh] *n* recreation, recess
rekrite [rekriteh] *v* enroll, recruit
relate [relahteh] *v* describe, recount, relate
rele [rehleh] *v* call; name; scream, shout, yell
relijyez [rehlijyez] *n*/*adj* nun, religious
relye [rehlyeh] *v* link

remak [rehmak] *n* remark
remake [rehmahkeh] *v* mention, remark
remèd [rehmed] *n* medication, remedy
remèsye [rehmehsyeh] *v* thank
remèt [rehmet] *v* remit, return, render; submit
remò [remoh] *n* remorse
ren [renh] *n* kidney; waist; middle
rèn [rehn] *n* queen
renmen [renhmenh] *v* like, love
rennen [renhnenh] *v* constrain
rense [renhseh] *v* rinse
renye [rehnyeh] *v* deny
repase [rehpahseh] *v* review; iron
repati [rehpatee] *v* allot
repete [rehpehteh] *v* repeat; pronounced, prominent
reponn [rehpon] *v* answer, respond
repons [rehponhs] *n* answer, response
repoze [rehpohzeh] *v* rest
repran [rehpranh] *v* recover
reprimande [repreemanhdeh] *v* reprimand, castigate
reprize [rehpreezeh] *v* sew, repair
resan [rehsanh] *adj* recent, up-to-date
resevwa [rehsevwa] *v* receive; host

resipwòk [rehsipwok] *adj* mutual
resò [rehsoh] *n* spring
respè [rehspeh] *n* respect
respekte [respekteh] *v* respect, abide
respire [rehspeereh] *v* breathe
restan [rehstanh] *n* remainder, rest
restavèk [restavek] *n* domestic, maid, servant
restrenn [rehstren] *v* restrict
retade [rehtahdeh] *v* delay, postpone
rete [rehteh] *v* stay; live, inhabit
retire [rehteereh] *v* remove, eject, exclude; withdraw
retresi [rehtrehsee] *v* shrink
rèv [rev] *n* dream
revandike [rehvanhdeekeh] *v* assert, claim
revanj [rehvanhj] *n* revenge
revele [rehvehleh] *v* reveal
revèy [rehvehy] *n* clock
reveye [rehvehyeh] *v* wake up, *adj* awake
revi [rehvee] *n* magazine, review
revoke [rehvokeh] *v* fire, revoke, impeach
revolvè [rehvolveh] *n* hand gun
reyalizasyon [rehyahleezasyonh] *n* attainment
reyalize [rehyahleezeh] *v* achieve

reyèl [rehyel] *adj* real
reyini [rayini] *v* convene, congregate, *adj* eunited
reyisi [reyeesee] *v* achieve, succeed, flourish
reyon [rehyonh] *n* beam, ray
rezen [rehzenh] *n* grape
rezilta [rehzeelta] *n* outcome
reziste [rehzisteh] *v* resist, withstand
rezon [rezonh] *n* reason, cause
rezoud [rehzood] *v* solve
ri [ree] *v* laugh; street
riban [reebanh] *n* ribbon, band
rich [reesh] *adj* rich
richès [reeshess] *n* fortune
rid [reed] *n* wrinkle
rido [reedo] *n* curtain
rijid [reejeed] *adj* rigid
rilaks [reelaks] *adj/v* relax
risk [risk] *n* risk
riske [riskeh] *v* risk, venture
rivaj [reevaj] *n* coast
rive [reeveh] *v* arrive, befall, happen, occur; prosper
rivyè [reevyeh] *n* creek, stream
rize [reezeh] *adj* astute, crafty, sly
ro {wo} [woh] *adj* tall; high

ròb {wòb} [rob] *n* dress
ròch [wosh] *n* stone, rock
rode [rohdeh] *v* prowl
ròl [rol] *n* role
roman [wohmanh] *n* novel
romans [wohmanhs] *n* romance
ron {won} [wonh] *adj* round
ronfle [wonhfleh] *v* snore
ronm [wonhm] *n* rum
ront [wont] *adj* ashamed, *n* shame, *v* blush
rote [wohteh] *v* belch
rou {wou} [woo] *n* wheel
rouj {wouj} [wooj] *adj* red
rouji [woojee] *v* redden
roule [wooleh] *v* roll
roulib [woolib] *n* lift, ride
roulo [wooloh] *n* roll
rousi [woosee] *v* burn, sear
rout {wout} [woot] *n* route
rouy [wooy] *n* rust
rouye [wooyeh] *v* rust, corrode, *adj* rusty
roz [wohz] *n* rose, *adj* pink
ruin [win] *n* ruin
ruine [winheh] *v* ruin

S

sab [sab] *n* sand
sachè [sahsheh] *n* bag
saj [sahj] *adj* wise
sak [sack] *n* sack
sal [sahl] *adj* dirty, filthy, *v* soil
salad [sahlad] *n* salad
sale [salay] *adj* salty, *v* season with salt
salè [saleh] *n* income, salary
salte [salteh] *n* dirt, grime
salye [sahlyeh] *v* salute, greet
samdi [samdee] *n* Saturday
san [sanh] *prp* without, *n* blood, *adj* undred
sanble [sanhbleh] *v* seem, appear; *adj* similar
sandriye [sanhdriyeh] *n* ashtray
sandwich [sanhdwish] *n* sandwich
sann [sann] *n* cinder
sanpitye [sanhpityeh] *adj* pitiless, callous
sans [sanhs[*n* sense, meaning
sansib [sanhsib] *adj* sensible; sensitive, tender
sant [sanht] *n* scent, smell; *n* centre

sante [sanhteh] *n* health
santi [sanhtee] *v* feel; smell, *adj* reek, stench
sanzatann [sanhzatan] *adv* suddenly, *adj* freak
sanzave [sanhzaveh] *n* ragamuffin
satire [sahteereh] *v* saturate
satisfè [satisfeh] *v* satisfy
savann [sahvan] *n* savanna
save [sahveh] *n* knowledge
savon [sahvonh] *n* soap
savonnen [sahvonhnenh] *v* soap
sè [seh] *n* sister
sechrès [seshress] *n* drought
sede [sehdeh] *v* concede, give up
sedui [sehdui] *v* seduce
segonde [sehgonhdeh] *v* aid, help, assist ; second
segonn [segon] *n* second
sèk [sek] *adj* dry, brittle, crisp, *n* circle
sekans [sehkans] *n* sequence
sèkèy [sehkey] *n* coffin
sekrè [sehkreh] *n* secret
sèks [sex] *n* gender; sex
sèl [sel] *n* salt; harness, *adj* alone, lone
sele [seleh] *v* harness; seal; secure

selebre [selebreh] *v* celebrate
seleksyone [seleksyoneh] *v* select, chose
selibatè [selibahteh] *adj* single, *n* bachelor
sèlman [selmanh] *adv* only, merely
selon lizaj [sehlonh leezahj] *adj* usual
sèman [sehmanh] *n* oath
semèn {senmenn} [sehmehn] *n* week
sen [senh] *adj* holy, *n* saint
sendika [sendeeka] *n* union
senesòf [senhnehsof] *adj* safe
senk [senhk] *adj* five
senkant [senhkanht] *adj* fifty
senp [senhp] *adj* simple
sensè [senhseh] *adj* sincere
senti [senhtee] *n* waist
sentiron [senhteewonh] *n* belt, sash
senyen [senhyenh] *v* bleed
separe [sepahreh] *v* separate, break
separe [saypareh] *adj* detached *v* share, split
separe [sehpareh] *v* divide, *adj* divided
septanm [septanhm] *n* September
sere [sehreh] *adj* tight, *v* hide; hug; tighten
sereng [sehrenhg] *n* syringe
sereyal [sehreyahl] *n* cereal
seriz [sehreez] *n* cherry
serye [sehryeh] *adj* serious, vital

sèt [set] *adj* seven
sèten [sehtenh] *adj* certain, sure
sètènman [sehtehnmanh] *adv* certainly
sètifye [setifyeh] *v* certify
sevè [sehveh] *adj* severe
sèvi [sehvee] *v* serve
sèvis [sehvis] *n* service
sèvo [sehvo] *n* brain
sèvolan [sehvolanh] *n* kite
sèvyèt [sehvyet] *n* towel, napkin
sezi [sehzee] *v* seize
si [see] *adj* sure; sour, *conj* if
sibi [seebee] *v* suffer, undergo
sid [seed] *n* south
sifizan [sifizanh] *adj* sufficient
siflèt/souflèt [seeflet] *n* whistle
sijè [seejeh] *n* subject
sijere [seejehreh] *v* suggest
sik [sik] *n* sugar
sikisal [sikisal] *n* outlet
sikonstans [sikonhstanhs] *n* circumstance
sikre [seekreh] *adj* sweet
siksè [seekseh] *n* success
silab [seelab] *n* syllable
silans [seelanhs] *n* silence
silèks [seeleks] *n* flint

silvouple [seelvoopleh] *interj* please
siman [seemanh] *n* concrete, *adv* surely
simen [seemenh] *v* sow
simityè [seemityeh] *n* cemetery
sinema [seenehma] *n* cinema
sinonim [seenonim] *n* synonym
siperyè [sipehryeh] *adj* superior
sipliye [sipliyeh] *v* beseech, beg, yearn
sipò [sipoh] *n* support, aid
sipòte [seepohteh] *v* endure; support; withstand
sipoze [sipohzeh] *v* suppose, assume
sipozisyon [seepohzeesionh] *n* supposition
siprann [seepran] *v* surprise, astonish
sipriz [seepriz] *n* surprise
sirèt [siret] *n* confectionery, candy
sirk [seerk] *n* circus
sirote [sirohteh] *v* sip
sis [sis] *adj* six
sispann [seespan] *v* stop, adjourn, cease
sispèk [sispek] *n/adj* suspect
siswafè [seeswafeh] *adj* certain; knowlegeable
sitèlman [seetelmanh] *adv* so much
sitron [seetwonh] *n* lemon

siveyans [sivehyanhs] *n* custody, confinement
siveye [seevehyeh] *v* guard, watch
siviv [seeviv] *v* survive
siy [seey] *n* sign
siyati [seeyatee] *n* signature
siye [seeyeh] *v* wipe
siyen [seeyenh] *v* sign
sizo [seezo] *n* scissors
skilte [skeelteh] *v* carve
sò [soh] *n* fate
sòf [sof] *prp* barring, except
solanèl [sohlahnel] *adj* solemn
solda [soldah] *n* soldier
solèy {sole} [sohlehy] *n* sun
solid [sohleed] *adj* solid; strong *n* solid
solisyon [sohleesyonh] *n* solution
somon [sohmonh] *n* salmon
son [sonh] *n* sound
sonje [sonhjeh] *v* remember
sonm [sonhm] *adj* somber, dreary
sonnen [sohnenh] *v* ring, blow
sòs [sauce] *n* sauce, gravy
sosis [sohsis] *n* sausage
sòsye [sossyeh] *n* wizard
sosyete [sosyeteh] *n* society

soti [sohtee] *v* go out, leave
sou [soo] *prp* onto, *adj* drunk
soud [sood] *adj* deaf
souf [souf] *n* breath
soufle [soofleh] *v* blow, fan; puff
souflete [sooflehteh] *v* slap
soufri [soofree] *v* ail, suffer
souke [sookeh] *v* shake
soukote [sookohteh] *n* illegitimate
soukoup [sookoop] *n* saucer
soulaje [soolajeh] *v* allay, alleviate
soulajman [soolahjmanh] *n* relief
soulye [soolyeh] *n* shoe
soumèt [soomet] *v* submit
sounwa [soonwa] *adj* sly
soup [soup] *n* soup
soupl [soopl] *adj* supple, gentle
souple [soopleh] *interj* please
souri [sooree] *v* smile
sourit [soorit] *n* mouse
sous [soos] *n* source; brook
souse [sooseh] *v* suck; leak
sousi [soosee] *n* eyebrow
souskri [sooskree] *v* subscribe
sousòl [soosol] *n* basement
soutèt [sootet] *prp* up, above

soutèt [sewtet] *prp* above
soutèt [souteht] *adv* atop
soutni [sootnee] *v* uphold; collaborate
souvan [soovsnh] *adv* often
sovaj [sovaj] *adj* savage; brute, wild
sove [sohvay] *v* save; escape, evade
sovè [sohveh] *n* savior
spektak [spektak] *n* spectacle; program
spesifik [spesifik] *adj* specific, peculiar
stasyon [stahsyonh] *n* station
stat [stat] *v* start
strik [strik] *adj* strict
sue {swe} [sueh] *v* sweat
suiv [suiv] *v* follow, track
swa [swa] *n* silk, *adj* sleek. *n* evening, usk
swanye {swayeh} [swahnyeh] *v* cure
sware [swareh] *n* evening
swasanndis [swasandees] *adj* seventy
swen [swenh] *n* care
swete [sweteh] *v* wish
switch [switch] *n* switch
syans [siyanhs] *n* science
syèk [siyehk] *n* century
syèl [siyel] *n* sky, paradise, heaven

T

ta [tah] *adj* late, overdue
tab [tab] *n* table
tabli [tablee] *adj* settled
taboure [tabooreh] *n* stool
tach [tash] *n* dot, spot, blot
tache [tasheh] *v* stain; bind, attach, fasten, pin
taks [tax] *n* duty, tax
taksi [taxi] *n* taxicab
talan [tahlanh] *n* knack. skill
talè [taheh] *adv* soon
talon [tahlonh] *n* heel
tan [tanh] *n* time; weather
tankou [tanhkoo] *adj* alike; *adv* as
tann [tan] *adj* tender, sensitive
tann [tan] *v* wait
tanp [tanhp] *n* temple
tanperaman [tanhpehramanh] *n* temper
tanpèt [tanhpet] *n* tempest
tanpon [tanhponh] *n* seal
tansfè [tranhsfeh] *n* transfer
tansyon [tanhsyonh] *n* stress, tension

tant [tanht] *n* aunt; tent
tantatif [tanhtahtif] *n* attempt
tante [tanhteh] *v* entice, tempt
tape [tahpeh] *v* tap
tapi [tahpee] *n* carpet
tat [taht] *n* pie
tate [tahteh] *v* finger
tay [tahy] *n* waist
tayè [tahyeh] *n* tailor
tcheke [tshekeh] *v* gauge; ascertain
tchwi [chwi] *n* leather
te [teh] *n* tea
tè [teh] *n* earth, land
tèl [tell] *adj* such
tèm [tehm] *n* term
temerè [temereh] *adj* bold
temwen [tehmwenh] *n/v* witness
tenbre [tehnbreh] *v* stamp
tenèb [tehneb] *n* gloom, obscurity
tenm [tehnm] *n* stamp
tep [tehp] *n* scotch tape; cassette tape/player; tip
teren [tehrenh] *n* plot, terrain, field; ground
terib [tehreeb] *adj* terrible, fierce
terifyan [tehrifyanh] *adj* appalling, awful
terifye [terifyeh] *v* terrify, scare

tès [tess] *n* egzam, *n/v* test
tèt [tet] *n* head; brain. *n* self
tèt [tet] *n* head; top; self;
tètchaje [tètchajeh] *n* disarray
tete [tehteh] *n* breast, *v* breastfeed
tètkay [tètkahy] *n* roof
tibèf [teebef] *n* calf
tifi [teefee] *n* girl, daughter; *adj* virgin, haste
tigason [teegasonh] *n* boy, little boy
tikè [teekeh] *n* ticket
timid [timid] *adj* shy, timid
timoun [teemoon] *n* baby, infant; child, kid
tinedjè [teenedjeh] *n* teenager
tinen [teenenh] *n* dwarf
tire [teereh] *v* shoot
tirè [teereh] *n* hyphentise [tisseh] *v* weave
tit [tit] *n* title
titile [teeteeleh] *v* keep up
tiye {touye} [teeyeh] *v* kill
tiyo [teeyo] *n* pipe
tòch [tosh] *n* torch, wipe
tòchonnen [toshonenh] *v* trash, mess up
tòde {tòdye} *v* twist, wring
tomat [tomat] *n* tomato
tonbe [tonhbeh] *v* fall

tonm [tonhm] *n* grave, tomb
tonnèl [tonel] *n* shelter
tonton [tonhtonh] *n* uncle
toro [toro] *n* bull, *adj* important, strong
total [total] *adj* total; complete
tòti [tottee] *n* tortoise
tou [two] *adv* also; too
toubiyon [toobeeyonh] *n* whirl
touche [tousheh] *v* touch, affect; collect
touf [toof] *n* clump
toufe [toofeh] *v* choke, strangle, quash, *adj* teamed
toujou [toojoo] *adv* always
toulede [toolehdeh] *adj* both
toulejou [toolehjoo] *adj* daily
toumante [toomanhteh] *v* torment, tease
tounen [toonenh] return; turn around; become
toupiti [toopiti] *adv* slightly, *adj* tiny
toupize [toopizee] *v* squeeze, mistreat
toupre [toopreh] *adv* close, near
tous [toos] *n* cough
touse [tooseh] *v* cough
tout [toot] *adj* all, entire
toutan [tootanh] *adv* always
toutbon [tootbonh] *adj* real

toutouni [tootoonee] *adj* bare, naked, nude
tradui [tradui] *v* translate
trafik [traffic] *n* traffic
traka [trahkah] *n* trouble, worry
trakase [trahkahseh] *v* harass, torment, worry
tranble [tranhbleh] *v* tremble, shiver
tranblemantè [tranhblehmanhteh] *n* quake
tranch [tranhsh] *n* slice
tranche [tranhsheh] *v* slice, *n* labor pains
trangle [tranhgleh] *v* strangle
trankil [tranhkeel] *adj* quiet, placid
tranpe [trenhpeh] *v* quench, soak; *n* mixture
tranpe [tranhpeh] *v* soak; *n* solution, blend, oncoction
transfere [tranhsfehreh] *v* transfer
transmèt [tranhsmet] *v* convey
transparan [tranhsparanh] *adj* transparent
trant [tranht] *adj* thirty
trase [trahseh] *v* trace
travay [trahvahy] *v/n* work, task, employ
travayè [travayeh] *n* worker
travèse [travehseh] *v* cross, traverse
trayi [trahyee] *v* betray
tren [trenh] *n* train; noise
trennen [trenhnenh] *v* drag, lug

tresayi [tresahyee] *v* cringe
trese [trehseh] *v* braid
trèt [tret] *n* traitor
trete [trehteh] *v* treat
tretman [tretmanh] *n* cure
trèz [trehz] *adj* thirteen
trezò [trehzoh] *n* treasure
tribinal [tribeenal] *n* court, tribunal
trikote [treekoteh] *v* knit
trimen [treemenh] *v* toil
tripotay [treepohtaj] *n* gossip
tripote [treepohteh] *v* finger
tris [triss] *adj* sad, dreary; unhappy
trò [twoh] *adv* too
tròk {twòk} [twok] *n* barter, exchange
troke [twokeh] *v* barter
tronpe [twonhpeh] cheat, deceive, fool
trou [twoo] *n* hole, pit; cavity
trouble [twoobleh] *v* trouble, upset; affect
troup [twoop] *n* troup, flock
trouve [trooveh] *v* find
twa [twah] *adj* three
twakay [twakahy] *n* roof
twal [twahl] *n* cloth; canvas
twalèt [twalet] *n* bathroom; ablution
twou [twoo] *n* ditch, hole

twounen [twoonenh] *n* nostril
tyèd [tyehd] *adj* warm

U

uit [uit] *adj* eight

V

vach [vash] *n* cow
vag [vag] *adj* vague, lax, negligent, *n* wave
vakabon [vakahbonh] *n* drifter, vagabond, *adj* naughty
vakans [vahkanhs] *n* vacation
vale [vahlay] *v* swallow, gulp
valè [vahleh] *n* value, worth
valiz [vahleez] *n* valise, suitcase
valv [valve] *n* valve
van [vanh] *n* wind, storm
vandredi [vanhdredi] *n* Friday
vaniy [vaneey] *n* vanilla
vanje [vanhjeh] *v* avenge
vann [van] *v* sell, peddle
vant [vanht] *n* stomach, belly
vante [vanhteh] *v* fan; boast, brag
vantilatè [vanhtilateh] *n* fan
vanyan [vanhyanh] *adj* valiant
vapè [vahpeh] *n* vapor, steam; fume
varye [vahryeh] *v* vary, *adj* spoiled
vast [vast] *adj* vast

vè [veh] *n* glass; worm; verse, *adj* {vèt} green
vèf [vehf] *n* widower
vekse [vehkseh] *v* vex, *adj* vexed
vèmin [vehmin] *n* vermin
ven [venh] *adj* twenty
venere [vehnehreh] *v* venerate, respect
vèni [vehnee] *n*/*v* varnish
venk [vank] *v* defeat, vanquish; overcome
verifye [vereefyeh] *v* verify, prove; audit; check
verite [vehriteh] *n* truth
vès [vehs] *n* vest; cardigan
vètikal [veteekal] *adj* vretical
vèv [vehv] *n* widow
veye [vehyeh] *n* wake; *v* watch
vi [vee] *n* life
vid [veed] *adj* empty; blank
vide [veedeh] *v* pour; discharge; flush; empty
viktim [victeem] *n*/*adj* victim
viktwa [victwa] *n* victory
vil [veal] *n* city, town
vilaj [veelahj] *n* village
vinèg [venehg] *n* vinegar
vini [veenee] *v* come; become

vire [veereh] *v* turn
vis [vis] *n* vice; screw
visye [veesye] *adj* greedy
vit [veet] *n* glass; *adj* fast, quick, rapid
vital [veetal] *adj* vital, serious
vitès [veetess] *n* speed
viv [veev] *v* live; inhabit; occupy
vivan [veevanh] *adj* alive
vize [vizeh] *v* aim target
vizyon [veezyonh] *n* vision, premonition
vle [vleh] *v* want
vlope [vlohpeh] *v* wrap
vokabilè [vohkabeeleh] *n* vocabulary
vòl [vol] *n* flight; theft
volay [vohlahy] *n* fowl
vole, tronpe cheat *v* vole, vòlè steal
vole {vòlè} [vohlay] *v* fly, jump; steal; cheat
vòlè [vohleh] *n* thief, rascal, rogue
vòlè [volleh] *n* crook, robber, thief; *adj* greedy
volim [vohleem] *n* volume
volonte [vohlonhtay] *n* will
volontè [vohlonhteh] *n* volunteer
vomi [vohmee] *n/v* vomit, throw up; puke
voryen [voryenh] *n* buffoon, rascal. scamp
vòt [vot] *n* ballot, vote

vote [vohteh] *v* vote
voye [voyeh] *v* cast, throw, send; broadcast; ejaculate
vre [vreh] *adj* true
vwa [vwah] *n* voice
vwal [vwahl] *n* sail
vwayaj [vwayaj] *n* travel, trip, voyage; journey
vwayaje [vwayajeh] *v* travel
vwazen [vwazwnh] *n* neighbor
vyann [veeyan] *n* meat; flesh
vye [vyeh] *adj* old, ancient, bad
vyèj [vyehj] *adj* virgin
vyèyfi [vyehyfee] *n* spinster
vyeyi [vyehi] *v* age, *adj* aged, elder
vyole [vyoleh] *v* rape, ravish; violate
vyolèt [vyohlet] *adj* violet

W

wa   [wah] *n* king
waf   [waf] *n* wharf, harbor
wè   [weh] *v* see
wi   [wee] *adv* yes
wiski [weeskee] *n* whisky
wo   [woe] *adj* high; elevated
wont   [wont] *n* shame, disgrace
wotè   [woeteh] *n* height

X

Y

yenyen [yenhyenh] *adj* whimpering
yè [yeh] *n* yesterday
yo [yoh] *prn* they
yòd {tentidyòd} [yod] *n* iodine
yota [yotah] *n* iota
youn [yoon] *adj* one

Z

zak [zak] *n* act
zam [zahm] *n* weapon
zandolit [zanhdoleet] *n* lizard
zangi [zanhgee] *n* eel
zanmi [zanhmee] *n* friend; acquaintance; chum
zannimo [zanhimoh] *n* animal
zanno [zanhno] *n* earring
zantray [zanhtrahy] *n* entrails, gut(s)
zariyen [zahrenhyenh] *n* spider
ze [zeh] *n* egg
zèb [zeb] *n* grass, hay
zegi [zehgee] *n* needle
zeklè [zehkleh] *n* lightning
zen [zenh] *n* hook
zenk [zenhk] *n* zinc
zepeng [zehpenhg] *n* pin
zepis [zehpiss] *n* spice, herbs
zepòl [zehpol] *n* shoulder
zetwal [zetwal] *n* star
zèv [zehv] *n* charity
zigzag [zigzag] *n* zigzag

zigzage [zigzageh] *v* zigzag
zile [zeeleh] *n* island
zilofòn [zeelofon] *n* xylophone
zip [zip] *n* zipper
zipe [zipeh] *v* zip
zo [zoh] *n* bone
zokòt [zohkot] *n* rib
zòn [zohn] *n* zone, region
zonbi [zonhbee] *n* zombie, ghost
zong [zonhg] *n* nail
zongle [zonhgleh] *v* pinch; nip
zonyon [zonhyonh] *n* onion
zoranj [zohranj] *n* orange
zòrèy [zohrehy] *n* ear
zorye [zohryeh] *n* pillow
zòtèy [zohtehy] *n* toe
zou [zoo] *n* zoo
zouti [zootee] *n* tool
zuit [zuit] *n* oyster
zwa [zwah] *n* goose
zwazo [zwazo] *n* bird
zye [zyeh] *n* eye

ENGLISH-CREOLE

A

aback [ebak] *adv* pa sipriz
abandon [abendenn] *v* abandone, kite
abase [ebes] *v* abese, diminye
abash [ebach] *v* demoralize
abbreviate [aebrivyet] *v* abreje
abdicate [abdiket] *v* abdike
abduct [abdòkt] *v* kidnape, anlve
abet [ebèt] *v* ensite, eksite
abhor [aebhòr] *v* deteste, rayi
abide [aebayd] *v* respekte
ability [aebiliti] *n* abilite, aptitud
abject [abdjèkt] *adj* abjèk, degoutan
able [ebl] *adj* kapab
abolish [abolich] *v* aboli
abound [ebawnd] *v* gen anpil, abonde
about [aebawt] *prp* apropo
above [aebòv] *prp* anlè, soutèt
abrade [aebreid] *v* graje, fwote, kòche
abreast [aebrèst] *adv* okouran
abridge [aebridj] *v* abreje
abroad [aebròd] *adv* lòtbò

abrupt [aebròpt] *adj* abrip, brid sou kou, bripbrip

absence [apsans] *n* absans

absolve [apsòlv] *v* absoud

absorb [apzoòb] *v* absòbe

abstain [apsten] *v* abstrenn

absurd [apsèad] *adj* absid

abuse [abyouz] *n* abi, *v* abize

accede [aksid] *v* aksede, rantre

accept [aksèpt] *v* aksepte

access [aksès] *n* aksè, *v* aksede, rantre

accident [aksident] *n* aksidan

accommodate [akomodet] *v* akomode, loje

accomplish [aekonmplich] *v* akonpli

accord aekoòd] *n* akò, *v* akòde

accost [aekòst] *v* akoste, bòde

account [aekawnt] *n* kont, *v* jistifye, eksplike

accumulate [aekyumyulet] *v* akimile, rasanble

accurate [aekyuret] *adj* egzak, byen mezire (konte)

accustom [aekòstonm] *v* familyarize

ache [eik] *n* doulè, mal

achieve [aetchiv] *v* reyalize, reyisi

acquaint [aekwent] *v* fè konesans

| acquaintance | adorn |

acquaintance [aekwenntanns] *n* konesans, zanmi
acquire [aekwayèu] *v* ranmase, trouve
acquit [aekwit] *v* akite
acrid [akrid] *adj* rak, brak
across [aekròs] *adv* atravè
act [akt] *v* aji, *n* zak, akt
actuate [aktuet] *v* balanse, aksyonen
acute [akyout] *adj* pwenti, egu
adapt [adapt] *v* adapte
add [ad] *v* adisyone, ajoute, ogmante
addict [adikt] *adj* droge, adikte
addle [adl] *adj* pouri
address [adrès] *n* adrès
adequate [adekwet] *adj* adekwa, sifizan
adjective [adjektiv] *n* adjektif
adjourn [adjòrn] *v* ajoune, sispann
adjust [adjòst] *v* ajiste
admire [admayèu] *v* admire
admirer [admayrèu] *n* admiratè, fanatik
admit [admit] *v* admèt, aksepte
admonish [admonich] *v* joure, avèti
adolescent [adolèsant] *n* adolesan
adopt [adòpt] *v* adopte
adore [aedòr] *v* adore
adorn [adòrn] *v* òne, dekore

adult [adòlt] *n* adilt, granmoun

advance [advenns] *n* avans, avalwa *v* avanse, bay avalwa

advantage [advenntedj] *n* avantaj

adventure [advenntyèu] *n* risk, istwa dròl

advertisement [advèutayzment] *n* reklam, piblisite

advice [advays] *n* konsèy

affable [aefebl] *adj* afab

affair [aefèr] *n* afè, kesyon, lyezon

affect [aefèkt] *v* afekte, touche, trouble

affirm [aefèum] *v* afime, deklare

affix [aefiks] *v* afiche, plake

afford [aefòrd] *v* gen (jwenn) mwayen

affront [aefront] *n* afron *v* afronte

afoot [aefout] *adv* apye

afraid [aefreid] *adj* pè, efreye

afresh [aefrèch] *adj* ankò, a nouvo

after [aftèu] *adv* apre, dèyè

again [aegen] *adv* ankò

against [aegenst] *adv* kont, opoze

age [edj] *n* laj, *v* vyeyi

agile [adjayl] *adj* ajil, lèst

ago [aego] *adj* pase, *adv* depi

agree [aegrii] *v* konsanti, dakò

ahead [aehèd] *adj* devan

aid [aeid] *n* èd, sipò
ail [aeil] *v* soufri
aim [aeim] *n* bi, *v* vize
air [aeir] *n* lè
ale [ael] *n* byè
alert [aelèut] *adj* sou kiviv, eveye
alien [aelyenn] *n* etranje
alike [aelayk] *adj* tankou, menm, parèy
aliment [aelimennt] *n* manje
alive [aelayv] *adj* vivan
all [òwl] *adj* tout
allay [aley] *v* soulaje, diminye
allot [aelòt] *v* repati, lote
allow [aelaw] *v* pèmèt, otorize
allude [alyoud] *v* pretann, sipoze
allure [alyur] *n* atire
allusion [aluzyonn] *n* alizyon, sipozisyon
ally [alay] *n* alye
almost [òlmost] *adv* prèske, prèt pou
alone [aelon] *adj* (pron.) sèl, pou kont-(pron.)
along [aelonng] *adj* ansanm
aloof [aelouf] *adj* endiferan, lwen
aloud [aelawd] *adv* aotvwa, byen fò
already [òlrwedi] *adv* deja
also [òlso] *adv* tou, ositou

alter [altèu] *v* chanje, altere
although [òldvo] *adv* malgre
always [òlwez] *adv* toujou, tout tan
amateur [amatèu] *n* amatè
amazing [aemezing] *adj* etonan
ambassador [enmbasadòr] *n* anbasadè
amber [aembèu] *adj* oranj, abriko
amend [amennd] *v* korije
amenity [ameniti] *n* konfò, amenajman
amiable [amyebl] *adj* emab
among [aemong] *prp* pami, omilye
amount [aemawnt] *n* montan, total
ample [anmpl] *adj* ase, gran, laj, sifi(zan)
amuse [aemyouz] *v* amize
ancient [annsyent] *adj* ansyen, vye
and [ennd] *conj* ak, epi, e
anew [aenyou] *adv* ankò, anouvo
anger [anngèu] *n* kòlè *v* (fè) fache
angle [aenngèul] *n* angl, aspè
angry [aenngri] *adj* fache
animal [animal] *n* animal, zannimo
anniversary [aenivèusèuri] *n* fèt, anivèsè
announce [aenawns] *v* anonse
annoy [aenòy] *v* anniye, anmède
annual [anuyòl *adj* anyèl, chak ane, lan
another [ennòdvèu] *adj/prn* onlòt

159

answer [ennsèu] *n* repons, *v* reponn
ant [ent] *n* foumi
anxiety [enkzayti] *n* enkyetid, anksyete
any [eni] *adj* nenpòt
apart [aepart] *adv* aleka, separe, detache
apologize [aepolodjayz] *v* e(k)skize
appall [aepal] *v* efarouche, terifye
appalling [aepaling] *adj* terifyan
appeal [aepil] *n* JUR. fè apèl, cham
appear [aepir] *v* gen lè, parèt, sanble
append [aepennd] *v* tahce, kole, ajoute
appendix [aepenndiks] *n* apendis
apple [apèul] *n* pòm (frans)
appoint [aepòynt] *v* nonmen, dezinyen
appraise [aeprez] *v* evalue, estime
appreciate [aeprichyet] *v* apresye
apprehend [aeprihennd] *v* apreyande, arete
approach [aeprotch] *v* aproche, *n* aksè, FIG. apròch, fason
approve [aeprouv] *v* aprouve
approximate [aeproksimet] *adj* aproksimatif, *v* aproksime
apricot [aeprikòt] *n* (z)abriko
April [aepril] *n* avril
apt [apt] *adj* jis, apropriye
archbishop [aèkbichòp] *n* monsenyè

argue [aègyou] *v* diskite, mentni
arise [aerayz] *v* pete, gaye, provni
arm [aèm] *n* bra, *v* ame
armchair [amtchèr] *n* fotèy, dodin
around [erawnd] *adv* alantou, otou, anviron
arouse [erawz] *v* reveye, eksite
arrange [eranndj] *v* ranje, òganize
array [arey] *n* etalaj
arrest [aerèst] *n* arestasyon *v* arete
arrive [arey] *v* rive
arrogant [arogaent] *adj* arogan
arrow [aèro] *n* flèch
art [art] *n* ar, la
artful [artfoul] *adj* rize, koken
article [atik] *n* atik
artificial [artifichyal] *adj* atifisyèl
as [az] *adv* tankou, otan, menm ak
ascend [asennd] *v* monte
ascent [asent] *v* monte
ascertain [asèuten] *v* tcheke, rann kont
ashamed [aechemd] *adj* ront
ashtray [achtrey] *n* sandriye
aside [aesayd] *adv* akote, sou kote
ask [ask] *v* mande
askew [aeskyou] *adj* krochi
asleep [aslip] *adj* nan dòmi

aspect	[aspèkt]	*n* aspè
asphalt	[asfalt]	*n* asfalt
ass	[ass]	*n* bourik, dèyè, bounda
assail	[aseyl]	*v* asayi, atake
assert	[aesèot]	*v* revandike
assign	[aesayn]	*v* deziyen, anchaje
assignment	[asaynment]	*n* misyon
assist	[asist]	*v* ede, segonde
assume	[asyoum]	*v* sipoze
assure	[achyour]	*v* asire
astonish	[astonich]	*v* etone, siprann
astound	[aestawnd]	*v* fè sote, pantan
astute	[astyout]	*v* rize
asunder	[asondèu]	*v* kase ande
asylum	[aesaylòm]	*n* azil
athwart	[etfwart]	*adv* antravè
atonement	[etonment]	*v* redanpsyon
atop	[aetòp]	*adv* anlè, soutèt
atrocious	[aetrochyous]	*adj* atròs
attach	[aetatch]	*v* tache, kole
attack	[aetak]	*v* atake
attain	[aeteyn]	*v* atenn, rive
attainment	[aetenment]	*n* reyalizasyon
attempt	[aetenmpt]	*n* esè, tantatif, *v* tante, pran hans
attend	[aetennd]	*v* asiste

attention [aetennsyonn] *n* atansyon
attest [aetèst] *v* ateste
attitude [aetityoud] *n* atitud
attract [aetrakt] *v* atire
attribute [aetribyout] *n* kalite
audit [òdit] *v* verifye
August [ògèust] *n* out
aunt [ant] *n* tant, matant
auspicious [ospikuyous] *adj* favorab
austere [ostir] distan, endiferan
author [òtfèu] *n* otè, lotè, ekriven
autumn [otòmn] *n* lotòn
available [aeveylebl] *adj* disponib
avaricious [aevarichyous] *adj* peng, kripya, ava
avenge [aevenndj] *v* vanje
avenue [avenyou] *n* avnu
average [avredj] *n* mwayèn
avert [aevèrt] *v* evite, detounen
avid [avid] *adj* avid, grangou
avoid [avoyd] *v* evite
avouch [aevawtch] *v* avalide
awake [aewek] *adj* reveye
award [aewaod] *n* prim
away [aewey] *adv* lwen
awful [òwfoul] *adj* terifyan

awhile [aewayèol] on moman
awkward [aòkwaòrd] gòch
axe [aks] *n* rach, aks
axis [aksis] aks
azure [azyour] *adj* ble

B

baby [beybi] *n* bebe, timoun
bachelor [batchelèu] *n* selibatè
back [bak] *n* do, reverse
bacon [bekonn] *n* bekonn, la kochon
bad [bad] *adj* move, gate
baffle [bafl] *n* deflektè *v* deroute
bag [bag] *n* sachè
bake [bek] *v* founen
bald [bòld] *adj* chòv
bale [bel] *n* bal *v* anbale
ball [bòl] *n* boul
ball [bòl] *n* boul, balon
ballot [balòt] *n* bilten vòt
ban [benn] *n* entèdiksyon *v* entèdi
band [bend] *n* band, riban, *v* bande
bang [beng] *n* detonasyon, *v* frape
banish [banich] *v* bani
banner [banèu] *n* banyè
banquet [bennkwèt] *n* bivèt, bankè
baptism [baptizm] *n* batèm
bar [bar] *n* bar, kafe
barber [barbèu] *n* kwafè

bare	bawl

bare [bèr] *adj* toutouni
bargain [bargen] *n* afè *v* machande
bargaining [bargenin] *n* machandaj
bark [bark] *n* ekòs, po, *v* jape
barley [barli] *n* òj
barren [barenn] *adj* arid, steril
barring [baerin] *prep* sòf, eksepte
barter [bartèu] *n* tròk, *v* troke
base [bes] *n* fondasyon, baz
basement [besment] *n* sousòl
basin [besenn] *n* basen
basket [baskèt] *n* panye
basketball [basket] *n* baskètbòl
bastard [bastaèd] *n* bata
baste [best] *v* aroze
bat [bat] *n* chòvsourit
batch [batch] *n* founen, pake
bath [batf] *n* beny
bathe [betf] *v* benyen
bathrobe [batfrob] *n* dezabiye, moumou
bathroom [batfroum] *n* twalèt
baton [baetonn] *n* baton
batter [batèu] *n* pat pou fri
battery [batèuri] *n* batri
battle [batl] *n* batay
bawl [baol] *n* braye, fè djòlè

bay [bey] *n* rad, gòlf, bè
beach [bitch] *n* plaj
beam [bim] *n* reyon
bean [bin] *n* pwa (rouj)
bear [bèr] *n* lous, ous
beard [bird] *n* bab
beast [bist] *n* bèt (sovaj)
beat [bit] *n* kadans, *v* bat, kale
beautiful [byoutifoul] *adj* bèl
because [bikoz] *conj* paske, akòz
become [bikòm] *v* vini, touen
bed [bèd] *n* kabann
bedroom [bèdroum] *n* chanm
bee [bi] *n* myèl, abèy
beef [bif] *n* vyann bèf
beer [bir] *n* byè
beet [bit] *n* bètrav
beetle [bitl] *n* skarabe
befall [bifòl] *v* rive
before [bifòr] *prep* avan, anvan
befriend [bifrennd] *v* trete an zanmi
beg [bèg] *v* mande, sipliye
beggar [bègar] *n* mandyan
begin [bigin] *v* kòmanse
beguile [bigwayl] *v* tronpe
behalf [biaf] *n* anfavè**

behave [biev] *v* konpòte
behind [bihaynd] *prep* dèyè
behold [bihold] *v* kontanple, gade
being [biying] *n* egzistans, kretyen
belch [bèlch] *v* rote, vomi
belie [bilay] *v* demanti
believe [biliv] *v* kwè
bell [bèl] *n* klòch
bellow [bèlow] begle
belong [bilong] *v* fè pati
below [bilow] *prep* anba
belt [bèlt] *n* senti, sentiron
bench [bennch] *n* ban, bankèt
bend [bend] *v* pliye, koube
beneath [binètf] *prep* anba
beneficence [benefisenns] *n* byenfezans
beneficial [benefichal] *adj* benefisyèl
benefit [benefit] *n* benefis
benevolent [benevolent] *adj* benevòl
berry [beri] *n* grenn
beseech [bisitch] *v* sipliye
beside [bisayd] *prep* akote
besides [bisayds] *prep* dayè
besiege [bisidj] *v* asyeje
best [bèst] *adv* mye, miyò, *adj* meyè, pi bon
bet [bèt] *v* parye

betray [bitrey] *v* trayi
better [bètèu] *adj* pi bon
betting [bèting] *n* parayj
between [bitwin] *prep* ant, nan mitan, omilye
beware [biwèr] *v* mefye
bewilder [bewildèur] *v* dezoryante
bewitch [biwitch] *v* chame, ansòsele
beyond [biyond] *adv* lòtbò
bicycle [baysikl] *n* bisiklèt
bid [bid] *n* òf, pari
bigot [bigòt] *n* fanatik
bile [bayl] *n* kòlè
bilingual [baylingwal] *adj* bileng
bind [baynd] *v* tache, mare, uni
bird [bèurd] *n* zwazo
bitch [bitch] *n* femèl chen
bite [bayt] *v* mòde
bitter [bitèu] *adj* anmè
blab [blab] *v* blabla
black [blak] *adj* nwa
blade [bled] *n* lam
blame [blem] *v* blame, joure
bland [blend] *adj* afab, emab
blank [blenk] *adj* vid, blan
blanket [blengkèt] *n* kouvèti*

blaze			book

blaze [blez] *n* flanm
bleach [blitch] *n* kloròks, *v* blanchi
bleak [blik] *adj* fèb
bleed [blid] *v* senyen
blessing [blèsing] *n* benediksyon
blind [blaynd] *adj* avèg, *n* avèg, je pete
blissful [blisfoul] *n* byennere
blockhead [blòkhèd] ennbesil, idyo
blood [blòd] *n* san
bloom [bloum] *v* fleri
blossom [blòsonm] *n* flè
blot [blòt] *n* tach
blow [blow] *n* kou, chòk, *v* mouche, soufle, sonnen
blue [blou] *adj* ble
bluff [blòf] *n* blòf, *v* blofe
blush [blòch] *v* rouji, ront
board [bord] *n* planch, *v* anbake
boast [bost] *v* vante
boat [bot] *n* bato, batiman
body [bòdi] *n* kò
bogus [bogèus] *adj* fo, atifisyèl
boil [bòyl] *v* bouyi
bold [bold] *adj* kare, odasye, temerè
bone [bon] *n* zo
book [bouk] *n* liv, *v* arete

boost [boust] *v* remonte, rechaje
boot [bout] *n* bòt
border [bòrdèu] *n* frontyè, bòdi(u), lizyè
bore [bòr] *v* anniye, *adj* raz
boring [bòring] *adj* raz, penitan
borrow [borow] *v* prete
bosom [bouzonm] *n* tete, pwatrin
boss [bòs] *n* patron
both [botf] *adj* toulede
bother [bòdvèu] *v* anmède, anbete
bottle [bòtl] *n* boutèy
bottom [bòtonm] *n* fon, anba, bounda
bough [bo] *n* branch
bound [bawnd] *adj* oblije, fòse
boundless [bawndlès] *adj* san limit
bountiful [bawntifoul] *adj* abondan, jenere
bouquet [bouquet] *n* boukè flè, odè
bout [bawt] *n* atak, peryòd, kriz
bow [baw] *adj* bankal, *v* koube
bowl [bowl] *n* bòl
box [bòks] *n* bwat
boy [bòy] *n* gason, ti gason
brace [bres] *v* bretèl, atach
brag [brag] *v* vante, fè djòlè
brain [bren] *n* sèvo, tèt
branch [brennch] *n* branch

brass [bras] *n* kuiv, leton
brave [brev] *adj* brav
brawl [brawl] *n* diskisyon, *v* goumen
brawn [brawn] *n* misk, musk
brawny [brawni] *adj* miskle, muskle
bread [brèd] *n* pen
break [brek] *v* kase, kraze, brize, separe
breakfast [brekfast] *n* kolasyon, dejne
breast [brèst] *n* tete, sen
breath [brètf] *n* alèn, souf
breathe [britf] *v* respire,
breathless [brèflès] *adj* san souf
breed [brid] *v* kwaze, elve
breeze [briz] *n* briz
bribe [brayb] *v* kòronp
brick [brik] *n* brik
bridge [bridj] *n* pon
brief [brif] *adj* brèf, *n* dosye
bright [brayt] *adj* klere, eklere, entelijan, briyan
brilliant [brilyant] *adj* klere, fò
brim [brim] *n* bò, rebò
bring [bring] *v* pote, mennen
brisk [brisk] *adj* chofe, anime
brittle [britl] *adj* frajil, poud
broad [bròd] *adj* laj, liberal

broadcast [bròdkast] *n* emisyon, *v* emèt, voye
broker [brokèu] *n* koutye
brook [brouk] *n* sous, pasdlo, ti rivyè
broom [broum] *n* bale, *v* bale
broth [bròtf] *n* bouyon
brother [bròtvèu] *n* frè
brow [braw] *n* sousi
brown [brawn] *adj* maron
bruise [brouz] *v* mètri
brush [bròch] *n* bròs, *v* brose
brute [brout] *adj* brital, sovaj
bud [bòd] *n* boujon
buffoon [byoufonn] *n* ransè, voryen
bug [bòg] *n* pinèz, ensèk
build [bild] *v* bati, konstwi
bulge [bòldj] *v* gonfle, bonbe
bull [boul] *n* toro
bullet [boulèt] *n* bal
bump [bonp] *n* chòk, kou, *v* frape, pouse
bunch [bonnch] *adj* anpil *n* grap, pakèt
bundle [bonndl] *n* pake, lyas
burglar [bèuglar] *n* vòlè, kanbriyolè
burial [bèuryal] *n* antèman
burn [bèurn] *n* boule *v* boule
burst [bèurst] *v* eklate, pete

bury [bèuri] *v* antere
bus [bòs] *n* bis, otobis
bush [bouch] *n* raje, rak
business [biznis] *n* afè, negòs
busy [bizi] *adj* okipe, afere
but [bòt] *conj* men
butcher [bòtchèu] *n* bouche
butter [bèutèu] *n* bè, *v* bere
butterfly [bèutèuflay] *n* papiyon
button [bòtonn] *n* bouton
buy [bay] *v* achte
bypass [baypas] *n* devyasyon, *v* kontoune
byword [baywèud] *n* provèb, sinonim

C

cab [kab] *n* taksi
cabbage [kabedj] *n* chou
cabin [kabin] *n* kabin
cable [kebl]*n* kab, telegram
cache [kach] *n* kachèt
cachet [kachèt] *n* grenn, kachè
cadence [kadenns] *n* kadans
cafe [kafe] *n* kafe, bwat
cage [kedj] *n* kalòj
cake [kek] *n* gato
calamity [kalamiti] *n* kalamite
calculate [kalkyulet] *v* kalkile
calf [kaf] *n* ti bèf
call [kòl] *v* rele
callous [kalous] *adj* di, rèd, san pitye
calm [kalm] *adj* kalm
camel [kamòl] *n* chamo
camera [kamra] *n* kamera, kodak
camp [kenp] *n* kanpman, *v* desann, poze pye
can [kenn] *n* kanistè, *v* kapab
cancel [kensèl] *v* anile
cancer [kennsè] *n* kansè

candid [kenndid] *adj* fran
candle [kenndl] *n* chandèl
candy [kenndi] *n* sirèt, bonbon
cane [ken] *n* kann
canteen [kenntin] *n* kantin
canter [kentèu] *v*trote, *n* ti galope
canvas [kennvas] *n* twal
cap [kap] *n* berè
capable [kepebl] *adj* konpetan
capacity [kapasiti] *n* kapasite
capital [kapitòl] *n* kapital
caption [kapsyonn] *n* antèt, lejand
captious [kaptyous] *adj* acheval, manyak
captivate [kaptivet] *v* kaptive
captive [kaptiv] *adj* kaptif
capture [kaptyèu] *v* kaptire, bare
carcass [karkas] *n* kakas
card [kard] *n* kat, kat jwe
cardigan [kardigann] *n* vès (san manch)
cardinal [kardinal] *n* kadinal
care [care] *n* swen, *v* swanye
careful [kèrfoul] *adj* atantif, apwofondi
caress [kaerès] *n* karès
carpet [karpèt] *n* tapi
carriage [kaeridj] *n* charyo, kabwèt
carrot [kaeròt] *n* karòt]

carry [kaeri] *v* pote
cartoon [kartoun] *n* komik, desen anime
carve [karv] *v* sizle, skilte
case [kes] *n* ka, kès, bwat
cash [kach] *n* lajan, kach, *adj* kontan
casing [kesing] *n* anvlòp, amati
cast [kast] *n* ròl, *v* jete, voye
castigate [kastiget] *v* reprimande, chatye, joure
castle [kasl] *n* chato
casual [kajuòl] *adj* aksidantèl, dezenvòlt
cat [kat] *n* chat
catch [katch] *v* pran, bare, *n* lapèch
cater [katèu] *v* founi, aprovizyone
cathedral [katfidròl] *n* katedral
cattle [katl] *n* betay
cause [kòz] *n* kòz, lakòz, rezon
caution [kòchonn] *n* prekosyon
cave [kev] *n* kav, gròt
caviar [kavyar] *n* kavya, ze
cavity [kaviti] *n* trou, fant
cease [siz] *v* sispann, rete, stòp
cede [sid] *v* sede, bay legen
ceiling [siling] *n* plafon
celebrate [selebret] *v* selebre
cellar [sèla] *n* kav

cemetery [semetari] *n* simityè
century [senntyuri] *n* syèk
cereal [sereyal] *n* sereyal
certain [sèutenn] *adj* sèten, siswafè
certainly [sèutennli] *adv* sètènman
certify [sèutifay] *v* sètifye
chafe [tchef] *v* frote, friksyonen, irite
chaff [tchaf] *n* bal, pake pay
chaffer [tchefèu] *n* anmèdan
chagrin [cheugrin] *n* kontraryete, chagren
chain [tchen] *n* chenn
chair [tchèr] *n* chèz
chairman [tchèrmann] *n* presidan, direktè
chalk [tchòk] *n* lakre
chamber [tchenmbèu] *n* chanm
champ [tchenp] *n* chanpyon
chance [tchens] *n* chans
chancel [tchensèl] *v* titile
chandelier [tcehndlyèu] chandelye
change [tchenj] *n* monnen, *v* chanje
chant [tchent] *n* chante, refren
chap [tchap] *n* kaskèt, FIG. jenn gason
chapter [tchaptèu] *n* chapit
characterize [karakterayz] *v* karakterize
charcoal [tcharkol] *n* chabon
charge [tchardj] *n* chaj, *v* chaje

charity [tchariti] *n*	charite, zèv
charm [tcharm] *n*	cham, bèlte
chary [tchari] *v*	ezitan, pridan
chase [tches] *v*	kouri dèyè, chase
chaste [tchest] *adj*	tifi
chat [tchat] *v*	koze
cheap [tchip] *adj*	bon mache
cheat [tchit] *v*	vole, tronpe
check [tchèk] *v*	verifye, *n* chèk
checker [tchèkèu] *n*	chekè
cheek [tchik] *n*	figi, po figi, jou
cheer [tchir] *v*	ankouraje, aplodi
cheese [tchiz] *n*	fromaj
cherish [tcherich] *v*	pran swen
cherry [tcheri] *n*	seriz
chess [tchès] *n*	echèk
chest [tchèst] *n*	pwatrin
chew [tchouw] *v*	moulen, mache
chicken [tchikenn] *n*	poul
chief [tchif] *n*	chèf
child [tchayld] *n*	pitit, timoun
chill [tchil] *v*	rafredi
chimney [tchimnni] *n*	chemine
chin [tchin] *n*	manton
china [tchayna] *n*	pòslèn
chink [tchink] *v*	trenke

choice	[tchòys]	*n*	chwa, preferans
choke	[tchok]	*n*	toufe
choose	[tchouz]	*v*	chwazi
chop	[tchòp]	*v*	tranche, koupe
Christmas	[kristmas]	*n*	Nwèl
chuck	[tchòk]	*v*	flanke deyò
chuckle	[tchòkl]	*v*	ri anbachal
chum	[tchonm]	*n*	zanmi, patnè
chump	[tchonp]	*v*	blòk (bwa)
church	[tchèurtch]	*n*	legliz
cinder	[sinndèu]	*n*	sann
cinema	[sinema]	*n*	sinema
circle	[sèurkl]	*n*	sèk
circular	[sèurkyula]	*adj*	ron, ansèk
circumstance	[sèurkonmstenns]	*n*	sikonstans
circus	[sèurkèus]	*n*	sirk
city	[siti]	*n*	vil, lavil
claim	[klem]	*n*	reklamasyon
clammy	[klamy]	*adj*	mwat
clamp	[klanp]	*n*	kranpon
clang	[klennng]	*v*	sonnen, rezone
clap	[klap]	*v*	aplodi, bat bravo
clarify	[klarifay]	*v*	eklèsi, klarifye
clasp	[klasp]	*n*	agraf
class	[klas]	*n*	klas
clause	[klòz]	*n*	propozisyon

claw [klòw] *n* grif
clay [kley] *n* tè glèz, ajil
clean [klin] *adj* pròp, *v* netwaye
clear [klir] *adj* klè, transparan, *v* debarase
cleave [kliv] *v* fann
clement [klement] *adj* gen pitye
clench [klennch] *v* mare, sere, ponyen
clergyman [klèudjimann] klèje
clerk [klèuk] *n* komi
clever [klivèu] *adj* entelijan
cliff [klif] *n* falèz
climb [klaymb] *v* grenpe
cloak [klok] *n* mask
clock [klòk] *n* revèy
clod [klòd] *n* bit tè
close [kloz] *v* fèmen, *adj* raproche
cloth [klòtf] *n* twal
clothe [klotfv] *v* abiye
cloud [klawd] *n* nuaj, nyaj
clump [klonp] *n* touf
clumsy [klonmzi] *adj* gòch, maladwa
cluster [klòstèu] *n* grap
coal [kol] *n* chabon
coarse [kòrs] *adj* koryas
coast [kost] *n* rivaj, *v* desann sou roulib
coat [kot] *n* manto, *v* kouvri ak kouch

coax [koks] *v* kajole
cobweb [kòbwèb] *n* fil arenyen
cock [kòk] *n* kòk, *v* ame, branche
coddle [kòdl] *v* dòlote
coefficient [koefichent] *n* koefisyan
coerce [kowèus] *v* kontrenn
coffee [kòfi] *n* kafe
coffin [kòfin] *n* sèkèy
cognac [konyak] *n* konyak
cohabit [koabit] *v* koabite
coin [kòyn] *n* (lajan) monnen
coincidence [koinsidenns] *n* konyensidans
cold [kold] *n* fredi, frèt
collaborate [kolaboret] *v* kolabore, soutni
collar [kòlar] *n* kòl, chenn (zannimo)
collect [kòlèkt] *v* rasanble, kolekte
college [kòlèdj] *n* kolèj
colloquial [kolokyòl] *adj* familye
colon [kolonn] *n* kolon, depwen
colonel [kolonèl] *n* kolonèl
color [kòlò] *n* koulè, *v* kolore
column [kòlòmn] *n* kolòn, pilye
comb [konb] *n* peny
come [kòm] *v* vini
comfort [konmfòt] *n* konfò, *v* rekonfòte
comfortable [konmfòtebl] *adj* konfòtab

command [kòmennd] *n* kòmann, *v* kòmande
commence [komenns] *v* kòmanse
commend [kòmennd] *n* lòd, *v* kòmande, òdone
commerce [kòmèus] *n* komès, negòs
commit [kòmit] *v* komèt,
common [kòmonn] *adj* komen
communicate [komyouniket] *v* kominike
compare [konmpèu] *v* konpare
competition [konmpetichonn] *n* konkou, konpetisyon
complain [konmplen] *v* plenyen
complete [konmplit] *v* konplete, *adj* konplè
compose [konmpoz] *v* konpoze
compound [konmpawnd] *n* konpoze, alyaj
comprehend [konmprehend] *v* konprann
comrade [konmrad] *n* kanmarad
conceal [konnsil] *v* kache
concept [konnsèpt] *n* konsèp
concise [konnsayz] *adj* brèf, kout
conclude [konnkloud] *v* konkli
concrete [konnkrit] *n* siman, *adj* konkrè
condemn [konndèm] *v* kondane
condition [konndichonn] *n* kondisyon
condone [konndon] *v* favorize
conduct [konndòkt] *v* kondui, *n* konduit

confectionery [konnfekchonèri] *n* sirèt
confess [konnfès] *v* konfese
confident [konnfident] *adj* asire, gen konfyans
confirm [konnfèum] *v* konfime
conform [konnfòm] *v* konfòme, *adj* konfòm
confuse [konfyouz] *adj* egare, gaga
confusion [konfyoujonn] *n* konfizyon
congest [konndjèst] *v* bloke, konjeste, bouche
congratulate [konngratyoulet] *v* fè konpliman
congregate [konngreget] *v* reyini, rasanble
conjecture [konndjektchèu] *n* konjekti
conjoin [konndjòyn] *n* konjwen
connect [konèkt] *v* konekte
connive [konayv] *v* fè payas
conquer [konnkèu] *v* konkeri
conscience [konnchyenns] *n* konsyans
conscious [konnchyous] *adj* gen konesans
consent [konnsent] *v* konsanti
consequence [konnskwenns] *n* konsekans
consider [konnsidèu] *v* konsidere
consist [konnsist] *v* konsiste
console [konnsol] *v* konsole
consolidate [konnsolidet] *v* konsolide

constant [konnstent] *n* konstant, *adj* konstan, èmanan
constitute [konntityout] *v* konstitye
constrain [konnstren] *v* rennen, frennen, kontrenn
construct [konnstròkt] *v* konstrui
consult [konnsòlt] *v* konsilte, mande konsèy
contaminate [konntaminet] *v* kontamine
contempt [konntenmpt] *n* mepri
contend [konntennd] *v* deklare, soutni, kenbe
content [konntent] *adj* satisfè, *n* kontni
contest [konntèst] *n* konpetisyon, konkou
continue [konntinyou] *v* kontinye
contort [konntòrt] *v* kontòsyone
contract [konntrakt] *n* kontra
contradict [konntradikt] *v* kontredi
contrary [konntrari] *adj* kontrè, opoze
contravene [konntraèvin] *v* kontredi, kontrekare
contribute [konntribyout] *v* kontribye
convene [konnvin] *v* konvoke, reyini
convenient [konnvinyent] *adj* pratik
convention [konnvennchonn] *n* konvansyon
conversation [konnvèusechonn] *n* konvèsasyon, koze

convey [konnvey] *v* transmèt
convict [konnvikt] *n* kondane, *v* deklare koupab
convince [konnvins] *v* konvenk
cook [khouk] *n* m. kizinye, f. kizinyè
cool [khoul] *adj* frèt
cop [khòp] *n* jandam
cope [khop] *v* debouye, abitye
copper [khòpèu] *n* kuiv
copy [khòpi] *v* kopye, *n* kopi
cord [khòrd] *n* kòd
cork [khòrk] *n* bouchon lyèj
corn [khòrn] *n* mayi
corner [khòrnèu] *n* kwen, *v* kwense, bare
cornflower [khòrnflawèu] *n* flè mayi
corpse [khòrps] *n* kadav
correct [khorèkt] *adj* kòrèk, *v* korije
correspond [khòresponnd] *v* koresponn, ekri
corrode [korod] *v* rouye
corrup [koròpt] *v* kòronp
cost [kòst] *v* koute, *n* pri
cotton [kòtonn] *n* koton
couch [kawtch] *n* kanape
cough [kòf] *n* tous, *v* touse
council [kawnsil] *n* konsèy
count [kawnt] *n* dekont, *v* konte

country [kawntri] *n* peyi
county [kawnti] *n* depatman
couple [kòpl] *n* koup, pè, *v* marye, kole
courage [kèuredj] *n* kouraj
course [kohèus] *n* kous
court [koèurt] *n* tribinal, lakou
courteous [koèutous] *adj* koutwa
cousin [koèuzenn] *n* m. kouzen, f. kouzin
covenant [kovenent] *n* akò, konvansyon
cover [kòvèu] *n* kouvèti, proteksyon, *v* kouvri
cow [kaw] *n* bèf, vach
coward [kawèud] *n* kapon
crack [khrak] *n* krak, fant
cradle [kredl] *n* bèso
crafty [krafti] *adj* rize, abil
cram [krenm] *v* boure, bachote
crash [khrach] *n* fraka, *v* kraze
crave [krev] *v* anvi
crawl [krawl] *v* ranpe
crayfish [khrefich] *n* kribich
crazy [khrezi] *adj* fou
creak [khrik] *v* krake
cream [khrim] *n* krèm
create [khriyet] *v* kreye
creature [khritchèu] *n* kreyati, kretyen

credit [khredit] *n* kredi, *v* kredite
creed [khrid] *n* kredo
creek [khrik] *n* rivyè
creep [khrip] *v* ranpe, glise
Creole [kriol] *adj* kreyòl
crew [khrou] *n* ekip
crib [khrib] *n* bèso
crime [khraym] *n* krim
cripple [khripl] *v* estropye, *n* enfim
crisp [krisp] *adj* sèk
crook [krouk] *n* vòlè
crop [kròp] *n* rekòlt
cross [kròs] *n* kwa, *v* travèse, kwaze
crow [kro] *n* kònèy
crowd [krawd] *n* foul, *v* ankonbre
crucify [krusifay] *v* krisifye
crude [krud] *adj* kri, grosye
cruel [kroul] *adj* kriyèl, mechan
cruise [krouz] *n* kwazyè
crumb [kronmb] *n* krout, myèt
crush [kròch] *v* kraze
crust [kròst] *n* krout
cry [khray] *v* kriye
cucumber [kyoukonmbèu] *n* konkonm
cult [kòlt] *n* kilt
culture [kèultchèu] *n* kilti, koutcha

cunning [konning] *adj* malen
cup [kòp] *n* gode
curd [kèurd] *n* lètkaye
cure [kyour] *v* swanye, *n* remèd, tretman
curious [kuryous] *adj* kirye
curl [kèurl] *n* pli
currency [kèurennsi] *n* lajan
current [kèurent]*adj* kouran *n* kouran elektrik
curse [kèurs] *n* malediksyon, *v* joure, modi
curtain [kèurten] *n* rido
cushion [kouchonn] *n* kousen
custody [kèustodi] *n* siveyans
custom [kèustonm] *n* ladwan, koutim
cut [kòt] *v* koupe
cute [kyout] *adj* bèl
cycle [saykl] *n* bisiklèt

D

dabble [dabl] *v* babote
daddy [dadi] *n* papa
daft [daft] *adj* idyo, bèt
daily [deli] *adj* toulejou
dally [dali] *v* lanbinen
dam [denm] *n* baraj
damage [damedj] *n* domaj, *v* domaje
damn [damn denm] *v* modi
damp [denp] *adj* mouye, mwat
dance [denns] *n* dans, *v* danse
danger [denndjèu] *n* danje
dare [dèr] *v* defye, bay gabèl
dark [dark] *adj* fonse, nwa
darling [darling] *adj* cheri
darn [darn] *v* reprize
dart [dart] *n* flèch, javlo, *v* plonje
dash [dach] *v* detale, *n* priz
data [deta] *n* done, eleman
daughter [dòtèu] *n* pitit fi, tifi
daunt [dont] *v* dekouraje, entimide
dawdle [dawdl] *v* lanbinen, ranse
dawn [dòrn] *n* devanjou, avanjou

day [dey] *n* jou, jounen
dazzle [dazl] *v* eblouyi, avegle (pete) je
dead [dèd] *adj* mouri, mò
deaden [dèdenn] amòti, mouri
deadlock [dèdlòk] *adj* enpas
deaf [dèf] *adj* soud
deal [dhil] *v* distribye, bay
dear [dhir] *adj* chè, cheri
dearth [dèurf] *n* grangou, famin
death [dèf] *n* lanmò
debase [dhibes] *v* abese, avili
debate [dhibet] *v* debat, diskite
debauch [debotch] *n* debòch
debt [dèt] *n* dèt
decay [dhikey] *v* pouri, dekonpoze
deceive [dhisiv] *v* desevwa, bay koutba
December [dhisenmbèu] *n* desanm
deception [dhisèpchonn] *n* desepsyon
decide [dhisayd] *v* deside
decision [desijyonn] *n* desizyon
deck [dèk] *n* platfòm, pon
declare [dhiklèr] *v* deklare
decline [dhiklayn] *v* refize, bese
decorate [dekoret] *v* dekore
decoy [dhikòy] *n* payas
decrease [dhikriz] *v* diminye

decree [dhikri] *n* dekrè
deed [dhid] *n* aksyon
deep [dhip] *adj* fon
default [dhifòlt] *n* defo
defeat [dhifit] *v* bat, venk
defect [dhifèkt] *n* defo fabrik
defense [dhifenns] *n* defans
defer [dhifèu] *v* ranvwaye
definite [definit] definitif
deft [dèft] *adj* ajil
defy [dhifay] *v* defye, pini
degree [dhigrih] *n* degre, grad, diplòm
delay [dhiley] *v* retade
delete [dhilit] *v* efase
deliberate [deliberet] *adj* esprè
deliberate [deliberet] *v* reflechi, debat
delicate [deliket] *adj* delika
delicious [delisyous] *adj* bon gou
delight [delayt] *n* plezi
delirious [diliryous] *adj* delala, fou
deliver [delivèu] *v* delivre
deluge [delyouj] *n* delij, inondasyon
delve [delve] *v* fouye
demand [demand] *n* demann, *v* mande
demolish [dimòlich] *v* demoli
dense [denns] *adj* epè

deny [dinay] *v* renye
department [dipartment] *n* depatman
departure [dipartyèu] *n* depa
depend [dipennd] *v* depann
depict [depikt] *v* dekri, demontre
deport [dipòrt] *v* depòte
depose [dipoz] *v* dechouke
deposit [depozit] *n* depo, *v* depoze
depot [dipo] *n* depo
deprave [diprev] *v* detounen
depress [diprès] *v* peze
depth [dèf] *n* pwofondè
descend [disennd] *v* desann
describe [diskrayb] *v* dekri
desert [dèzèut] *n* dezè
deserve [dizèuv] *v* merite
design [dizayn] *n* desen, *v* desine
desire [dizayèu] *v* anvi, vle
desk [dèsk] *n* biwo
despair [dispèr] *v* dezespere
desperate [dèspret] *adj* dezespere, atoufè
despite [dispayt] *adv* malgre
dessert [dizèut] *n* desè
destiny [dèstini] *n* destine
destroy [distròy] *v* detwi, kraze
detach [ditatch] *v* detache

193

detail [diteyl] *n* detay
detain [diteyn] *v* kenbe, arete
detect [ditèkt] *v* detekte
deter [ditèu] *v* anpeche
determined [ditèumind] *adj* detèmine, antete
detest [ditèst] *v* deteste, rayi
detour [ditor] *n* detou
devastate [devastet] *v* devaste
develop [divèlòp] *v* devlope
device [divays] *n* enstriman
devil [dèvil] *n* demon
devout [divaout] *adj* devwe
dew [dou] *n* larouze
diary [dayari] *n* jounal pèsonèl
dictionary [diksyonèri] *n* diksyonè
die [day] *v* mouri
differ [difèu] *v* pa dakò
different [difrent] *adj* diferan
difficult [difikòlt] *adj* difisil
dig [dig] *v* fouye
digest [daydjèst] *n* ekstrè, *v* dijere
dignity [digniti] *n* diyite
diligent [dilidjent] *adj* debouya
dilute [daylyout] *v* delye
dim [dim] *adj* pal

dinner [dinèu] *n* dine
dip [dip] *v* plonje
direct [dirèkt] *adj* dirèk, *v* dirije
dirt [dèut] *n* kras, pousyè, salte
dirty [dèuti] *adj* sal
disable [disebl] *v* deranje
disabled [disebl] *adj* andikape, enfim
disagree [disagri] *v* pa dakò
disagreeable [disagriyabl] *adj* dezagreyab
disappear [disapir] *v* disparèt
disappoint [disapoynt] *v* desevwa
disapprove [desaprouv] *v* dezaprouve
disarray [diserey] *n* tètchaje
disaster [dizastèu] *n* dezas
disburse [disbèus] *v* debouse
discern [disèun] *v* dekouvri, disène
discharge [distcharj] *v* vide
discontent [diskonntent] *n* mekontantman
discord [diskòd] *n* dezakò
discover [diskòvèu] *v* dekouvri
discrete [diskrit] *adj* diskrè
discretion [diskrechonn] *n* diskresyon
discuss [diskòs] *v* diskite
disdain [disden] *n* deden
disease [diziz] *n* maladi
disgrace [disgres] *n* dezonè, wont

disgust [disgòst] *n* degou
dish [dich] *n* asyèt, plat
dismiss [dismis] *v* lage, ranvwaye
disorder [dizòrdèu] *n* dezòd
disown [dison] *v* deposede
dispensary [dispennseri] *n* dispansè
display [displey] *v* etale, etale
dissipate [disipet] *v* gaye
distance [distans] *n* distans
distinct [distenkt] *adj* disten, klè
distinguish [distingwich] *v* distenge
distort [distòrt] *v* defòme
distract [distrakt] *v* distrè
distribute [distribyout] *v* distribye
district [distrikt] *n* distri
disturb [distèub] *v* deranje
ditch [ditch] *n* ravin, twou
dive [dayv] *v* plonje
diver [dayvèu] *n* dayiva
diverse [divèus] *adj* divès
divide [divayd] *v* divize
divorce [divòrs] *n* divòs
dizzy [dizi] *adj* gen vètij
do [dou] *v* fè, fabrike
dog [dòg] *n* chen
doll [dòl] *n* poupe

dollar [dòla] *n* dola
domestic [domèstik] *adj* peyi, *n* restavèk
donkey [donnki] *n* bourik
doom [doum] *n* fayit
door [dòr] *n* pòt
dormitory [dòrmitori] *n* dòtwa
dot [dòt] *n* pwen, tach
double [dòbl] *adj* doub, *v* double
doubt [dawt] *n* dout, *v* doute
dough [do] *n* pat farin
dove [dov] *n* pijon
down [dawn] *adv* anba, *v* desann
draft [draft] *n* kourandè, *v* anrole
drag [drag] *v* trennen
drain [dren] *n* egou
draw [drò] *v* rale
drawback [dròbak] *n* dezavantaj
dream [drim] *n* rèv
dreary [driri] *adj* tris, sonm
dress [drès] *n* ròb, *v* abiye
drift [drift] *v* flote
drill [dril] *n* dril, *v* fè egzèsis
drink [drink] *n* bweson, *v* bwè
drip [drip] *v* degoute
drive [drayv] *v* kondui
driver [drayvèu] *n* chofè, kondiktè

drizzle [drizl] *v* farinen
drop [dròp] *n* gout *v* lage
drought [drawt] *n* sechrès
drown [drawn] *v* nwaye
drug [dròg] *n* dròg
drum [dronm] *n* droum
drunk [dronk] *adj* sou
dry [dray] *adj* sèk
duck [dòk] *n* kanna
dull [dòl] *adj* mat
dumb [donm] *adj* enbesil, gaga
dump [donp] *n* pil fatra, *v* jete
dune [dun] *n* pilsab
dung [dong] *n* fimye
during [dyouring] pandan
dusk [dòsk] labrin
dust [dòst] pousyè
duty [dyouti] dwa, taks
dwarf [dwòrf] tinen
dwelling [dwèling] *n* kay
dye [day] *v* kolore

E

each [itch] *adj* chak
eager [igèu] *adj* enterese
eagle [igèul] *n* èg, malfini
ear [ir] *n* zòrèy
early [èurli] *adv* bonè, annavans
earn [èurn] *v* genyen, posede, fè lajan
earnest [èurnèst] *n* bònfwa
earring [iring] *n* zanno
earth [èurf] *n* latè, tè
east [ist] *n* lès
Easter [istèu] *n* Pak
easy [izi] *adj* fasil
eat [it] *n* manje
echo [eko] *n* eko
edge [èdj] *n* kwen, bout
edit [edit] *v* edite
editor [editèu] *n* editè
educate [edyuket] *v* edike
eel [ihl] *n* zangi
efface [ifehs] *v* efase
effort [èfòt] *n* efò, jefò, fòs
egg [èg] *n* ze

eight [eyht] *adj* uit
eighteen [eyhtin] *adj* dizuit
eighty [eyhti] *adj* katreven
either [idvèu] *adj* nenpòt, oswa
eject [idjèkt] *v* retire, pouse soti
elaborate [ilaboreht] *adj* konplike, *v* elabore
elbow [èlbo] *n* koud
elder [eldèu] *n* granmoun
elect [elèkt] *v* chwazi, eli
elephant [elefant] *n* elefan
eleven [ilèvenn] *adj* onz
eliminate [eliminet] *v* elimine
else [èls] *conj* osinon
embassy [enmbasi] *n* anbasad
embellish [enmbelich] *v* anbeli
embolden [enmboldenn] *v* bay kouraj
embrace [enmbres] *v* anbrase, kwoke
embroider [enmbroydèu] *v* brode
emit [emit] *v* emèt, fè sikile
emotion [imochonn] *n* emosyon
employ [enmplòy] *n* djòb, *v* anplwaye
empower [enmpawèu] *v* otorize
empty [enmpti] *adj* vid, *v* vide
enclose [enkloz] *v* fèmen, bouche
encourage [ennkèuredj] *v* ankouraje
encroach [ennkwotch] *v* pyete

end [ennd] *n* fen, bout
endurance [enndyurenns] *n* andirans
enemy [ènmi] *n* lenmi
engage [enngedj] *v* angaje, foure
engine [enndjin] *n* motè, machin
English [inglich] *adj* angle
enigma [enigma] *n* enigm, magouy
enjoy [enndjòy] *v* jwi, rejwi, benefisye
enormous [enòrmous] *adj* enòm, manman, papa
enough [inòf] *adj* ase, *adv* ase, kont
enrage [ennredj] *v* enève, agase
enrich [ennritch] *v* anrichi
enroll [ennrol] *v* anrole, rekrite
ensure [ennchèu] *v* asire
entangle [enntengèul] *v* melanje, mele
enter [enntèu] *v* antre
enterprise [enntèuprayz] *n* antrepriz
entertain [enntèutehn] *v* amize
entice [entays] *v* enstige, fè lasisiy
entire [enntayèu] *adj* antye, tout
entrails [enntrelz] *n* zantray
entrance [enntranns] *n* antre, pòt
envelope [ennvlop] *n* anvlòp, *v* vlope
envious [ennvyous] *adj* anvye
envy [annvi] *n* anvi

201

equal [ikwòl] *adj* egal, *v* egale
equip [ekwip] *v* ekipe
equipment [ekwipment] *n* ekipman
erase [irehs] *v* efase
erect [erèkt] *adj* dwat, vètikal, *n* drese, monte
errand [èrannd] *n* komisyon
error [èrèu] *n* erè, fòt
erupt [eròpt] *v* eklate, pete
eruption [eròpsyonn] *n* eklatman
escape [eskep] *v* sove, chape
escort [èskòt] *n* konpayon, *v* eskòte
especial [espechòl] *adj* espesyal
especially [espechèuli] *adv* espesaylman
espionage [espyonaj] *n* espyonaj
esquire [eskwayèu] *n* avoka
establish [establich] *v* etabli
esteem [estim] *n* estim
estimate [estimeht] *n* evalyasyon, *v* estime, valye
evade [ivehd] *v* evade, sove
evangel [evannjèl] *n* levanjil
evangelize [evannjelayz] *v* preche
even [ivenn] *adj* egal, jis, *adv* menm
evening [ivning] *n* aswè, sware
event [ivent] *n* evenman

every [ehvri] *adj* chak
evict [evikt] *v* chase
evident [evident] *adj* evidan, aklè
evil [ivèul] *adj* move
exact [egzakt] *adj* egzak
exaggerate [egzadjereht] *v* egzajere
example [egzenpèul] *n* egzanp
exceed [eksihd] *v* depase, eksede
except [eksèpt] *prp* eksepte
exception [eksèpchonn] *n* eksepsyon
exchange [ekstchannj] *n* twòk, echanj
excite [eksayt] *v* eksite
exclud [eksklud] *v* eskli, retire
excuse [ekskyouz] *n* eskiz, *v* eskize
execute [egzekyout] *v* egzekite, akonpli
exemplary [egzenmpla] *adj* egzanplè
exempt [egzenpt] *adj* egzan
exercise [egsèusayz] *n* egzèsis
exert [egzèurt] *v* fè egzèsis, fose
exhale [ekshel] *v* rann souf, egzale
exhaust [egzost] *n* mòflè, *v*
exist [egzist] *v* egziste
expect [ekspèkt] *v* tann, alatant
expecting [ekspèkting] *n* ansent, gwòs
expel [ekspèl] *v* ranvwaye
expend [ekspennd] *v* elaji, etann

expense [ekspenns] *n* depans
expensive [ekspennsiv] *adj* chè
experience [ekspiryanns] *n* eksperyans
expert [ekspèurt] *n* ekspè
explain [eksplen] *v* eksplike
explicit [eksplisit] *adj* eksplisit, klè
explode [eksplod] *v* eksploze, eklate
explore [eksplòr] *v* eksplore, chèche
explosion [eksplojonn] *n* eksplozyon, eklatman
export [ekspòrt] *n* ekspòtasyon, *v* ekspòte
expose [ekspoz] *v* ekspoze
exposition [ekspozichonn] *n* ekspozisyon
express [ekspres] *v* eksprime
extend [ekstennd] *v* etann, ouvri
extent [ekstent] *n* limit
exterior [eksteryèu] *n* deyò, eksteryè
external [ekstèunal] *adj* andeyò
extort [ekstòrt] *v* peze
extract [ekstrakt] *n* ekstrè, esans, *v* rale
extraordinary [ekstraòrdinèri] *adj* ekstraòdinè
extreme [ekstrim] *adj* ekstrèm
extricate [ekstriket] *v* rache
eye [ay] *n* je, zye
eyebrow [aybraw] *n* sousi

F

fable [febl] *n* istwa, fab
face [fes] *n* figi, *v* gade (anfas), afwonte
facile [fasil] *adj* fasil
fact [fakt] *n* verite
fad [fad] *n* kapris
fade [fed] *adj* fennen, *v* disparèt
fail [feyl] *v* rate
faint [fent] *adj* pal
fair [fèr] *adj* jis, ekitab
faith [fetf] *n* lafwa
fake [fek] *adj* krizokal, djanni, *v* kapwonnen
fall [fòhl] *v* tonbe
false [fòls] *adj* fo, pa vre, manti
family [famili] *n* fanmi
famine [famin] *n* famin, grangou
famous [femous] *adj* enpòtan, gran
fan [fan] *n* vantilatè, *v* soufle
fancy [fennsi] *adj* anpenpan *v* imajine
fang [fenng] *n* kwòk, dan
far [fahr] *adv* lwen
farm [fahm] *n* plantasyon, jaden
farther [fahrdvèu] *adv* pilwen

205

fascinate [fasinet] *v* fasine, entrige
fashion [fachonn] *n* lamòd
fast [fast] *adj* vit, rapid
fasten [fasenn] *v* tache, mare
fat [fat] *adj* gra, epè
fate [fet] *n* sò, destine
father [fahdvèu] *n* papa
fatigue [faetig] *n* fatig
fault [fòlt] *n* fòt, *v* bay tò
favor [fevèu] *n* favè, *v* prefere
fear [fihr] *n* lapè, *v* pè
feast [fist] *n* bambòch, babako
feather [fèdvèu] *n* plim
feature [fityèu] *n* karakteristik, mak
February [februèri] *n* fevriye
fee [fi] *n* dwa {ladwann}, frè {depans}
feeble [fibl] *adj* fèb
feed [fihd] *v* nouri, bay manje
feel [fihl] *v* santi
feign [feyn] *v* fente, pran pòz
felon [fèlonn] *n* kriminel
female [fimel] *adj* fèmèl, *n* fanm
fence [fenns] *n* baryè, lantouray
fern [fèurn] *n* foujè
ferocious [ferochyous] *adj* feròs
fertile [fèutayl] *adj* donnen, fètil

fetch [fètch] *v* chèche
fever [fivèu] *n* lafyèv
few [fyou] *adj* kèk
fib [fib] *n* manti *v* bay (fè) manti
fiction [fikchonn] *n* fiksyon
fiddle [fidl] *v* jwe ak
field [fild] *n* teren, jaden
fierce [firs] *adj* feròs, terib
fifteen [fiftihn] *adj* kenz
fifty [fifti] *adj* senkant
fight [fayt] *n/v* goumen, batay
file [fayl] *n* dosye, dokiman
fill [fihl] *v* plen
filthy [fihltfi] *adj* sal
final [faynal] *adj* final
find [faynd] *v* jwenn
fine [fayn] *adj* anfòm, fen, *n* amann
finger [fingèu] *n* dwèt, *v* tate, tripote
finish [finich] *v* fini
fire [fayè] *n* dife, *v* revoke
firm [fèurm] *adj* solid, *n* entrepriz
first [fèurst] *adj* premye
fish [fich] *n* pwason
fist [fist] *n* pwen
five [fayv] *adj* senk
fix [fiks] *v* ranje

flag [flag] *n* drapo
flame [flem] *n* flanm
flash [flash] *v* klere
flat [flat] *adj* plat
flavor [flevèu] *n* gou
flea [fli] *n* pis, pinèz
flesh [flèch] *n* vyann, chè
flight [flayt] *n* vòl {avyon}
flimsy [flimzi] *adj*
flinch [flinch] *v* flechi, tresayi
fling [fling] *v* voye jete
flint [flint] *n* silèks
flip [flip] *v* baskile
flirt [flèurt] *v* file
float [flot] *v* flote
flock [flòk] *n* troup, bann
flood [flòd] *n* inondasyon, *v* anvayi
flour [flawèu] *n* farin
flow [flo] *v* koule
flower [flawèu] *n* flè, *v* fleri
flu [flou] *n* grip
fluent [flouent] *adj* kouran
fluid [flouid] *n* likid
flush [flòch] *adj* kole, *v* chase, vide
fly [flay] *n* mouch, *v* vole
foe [foe] *n* lenmi

fog	[fòg] *n* bouya
fold	[fold] *n* pli, *v* pliye
folk	[fok] *adj* peyi
follow	[fòlow] *v* suiv
fond	[fonnd] *adj* fanatik
food	[foud] *n* manje
fool	[foul] *n* enbesil, *v* twonpe
foot	[fout] *n* pye
for	[fòr] *prp* pou, paske
forbid	[fòbid] *v* defann, pini
force	[fòrs] *n* fòs, *v* fòse
forecast	[fòrkast] *v* projte
foreign	[fòrèn] *adj* etranje
foreman	[fòmann] *n* bòs, fòmann
forest	[fòrèst] *n* forè, rakbwa
forever	[fòrèvèu] *adv* ajamè
forget	[fògèt] *v* bliye
forgive	[fògiv] *v* padonnen
fork	[fòrk] *n* fouchèt, *n* ranmase
form	[fòrm] *n* fòm, *v* fòme
former	[fòmèu] *adj* ansyen
forsake	[fòsek] *v* lage, abandone
fortune	[fòtyoun] *n* richès, fòtin
forty	[fòrti] *adj* karant
forward	[fòwòd] *adj* devan, *v* avanse
four	[fòhr] *adj* kat

fowl [fawl] *n* volay
fracture [fraktyèu] *n* frakti
fragile [fragayl] *adj* frajil
frame [frem] *n* ankadreman
frank [frenk] *adj* fran
fraud [fròd] *n* fròd
frazzle [frazl] *adj* {kò} kraze, erente
freak [frik] *n* sanzatann
free [fri] *adj* lib, gratis
freedom [fridonm] *n* libète
freeze [frihz] *v* glase, konjle
frequent [frikwent] *adj* souvan
fresh [frèch] *adj* fre, {frekan}
Friday [frayde] *n* vandredi
friend [frenn] *n* zanmi
fright [frayt] *n* freyè, laperèz
frog [fròg] *n* krapo
front [front] *n/prp* devan
frost [fròst] *n* glas
frown [frawn] *v* gwonde, mare min
fruit [frout] *n* fwi
frustration [freustrechonn] *n* fristrasyon
fry [fray] *v* fri
fuel [fyoul] *n* gaz
fulfill [foulfil] *v* ranpli, akonpli
full [foul] *adj* plen

fume [fume] *n* vapè
fun [fonn] *adj* amizan, *n* amizman
funeral [fyouneral] *n* lantèman, fineray
funny [fonni] *adj* komik
furious [fyouryous] *adj* firye
furniture [fèurnityèu] *n* mèb
further [fèurdvèu] *adv* pilwen
fuss [fòs] *n* gagòt, meli melo
future [fyoutyèu] *n* avni

G

gain [gen] *n* benefis, gen, *v* akeri
gall [gal] *n* fyèl, bil
gallon [galonn] *n* galon
game [gem] *n* jwèt
gang [genng] *n* klik
gap [gap] *n* fant
garage [geuradj] *n* garaj
garden [gardenn] *n* jaden flè, patè
gardener [gardenèu] *n* jadinye
garlic [garlik] *n* lay
garment [garment] *n* abiyman, rad
gas [gas] *n* gaz
gate [get] *n* pòtay
gather [gadvèu] *v* ranmase
gauge [gedj] *n* gedj, *v* tcheke
gaze [gez] *v* fikse, kontanple
general [djenròl] *adj/n* jeneral
generate [djèneret] *v* jenere, pwodui
generous [djenerous] *adj* jenere
genesis [djenesis] *n* jenèz
gentle [djenntl] *adj* janti, soupl
get [gèt] *v* pran

ghost [gost] *n* fantom, zonbi
giant [djayant] *adj* jeyan
gift [gift] *n* kado, don
giggle [gigl] *v* griyen
gin [gin] *n* djin
girl [gèurl] *n* tifi, djal
give [giv] *v* bay
give up [givòp] *v* lage, abandone
glad [glad] *adj* kontan
glance [gelnns] *v* gade
glare [glèr] *n* ekla
glass [glas] *n* vit, vè
gleam [glim] *v* miwate
glide [galyd] *v* glise
glitter [glitèu] *n* ekla
globe [glob] glòb
gloom [gloum] *n* tenèb
glory [glori] *n* laglwa
glove [glov] *n* gan
glue [glou] *n* lakòl
gnat [nat] *n* papiyon lanp
go [go] *v* ale
goal [gol] *n* objektif
goat [got] *n* kabrit
god [gòd] *n* espri, lwa
God [gòd] *n* Bondye

gold [gold] *n* lò
golden [goldenn] *adj* annò
good [goud] *adj* bon
goods [gouds] *n* danre
goose [gous] *n* zwa
gossip [gòsip] tripotay
govern [gòvèun] *v* gouvène
gown [gawn] *n* ròb
grab [grab] *v* dapiyan, pran pa fòs
grace [gres] *n* lagras
grade [gred] *n* grad, *v* evalye, nivle
graduate [gradyuet] *n* diplome
grain [grenn] *n* grenn
grandchild [granntchayld] *n* ptiti-pitit
grandfather [grannfadvèu] *n* gran-papa
grandmother [grannmòdvèu] *n* grann
grape [grep] *n* rezen
grasp [grasp] *v* atrap
grass [gras] *n* zèb
grate [gret] *v* graje
gratitude [gratityoud] *n* rekonesans
grave [grev] *adj* grav, *n* tonm
gravel [gravèl] *n* gravye
gravy [grevi] *n* sòs
gray [gre] *adj* gri
grease [gris] *n* grès, *v* grese

great [gret] *adj* gran, gwo
greedy [grihdi] *adj* vòlè, visye
green [grihn] *adj* vèt, vè
greet [griht] *v* salye
grief [grihf] *n* chagren, lapenn
grime [graym] *n* salte
grin [grin] *v* ri jòn
grind [graynd] *v* moulen
grinder [grayndèu] *n* moulen
grip [grip] *n* priz
grocery [gròsri] *n* pwovizyon
ground [grawnd] *n* teren, tè
group [gwoup] *n* gwoup, *v* gwoupe
grow [gro] *v* grandi
guard [gard] *n* gad, jandam, *v* gade, siveye
guess [gès] *v* devine
guest [gèst] *n* envite
guide [gayd] *n* gid, *v* gide
guilty [gilti] *adj* koupab
gulp [gòlp] *n* gòje, *v* vale
gum [gonm] *n* gonm, chiklèt, *v* gonmen
gun [gonn] *n* revolvè, kanno
gust [gòst] *n* rafal
gut [gòt] *n* zantray
guy [gay] *n* nèg
Gypsy [djipsi] *n* djipsi

H

habit [habit] *n* abitid
hack [hak] *v* chire, rache
haggle [hagl] *v* machande
hair [hèr] *n* cheve, pwal
half [haf] *adj* demi, *n* mwatye
hall [hòl] *n* koridò, òl
ham [ham] *n* janbon
hammer [hamèu] *n* mato
hand [hennd] *n* men
handcuffs [hennkòfs] *n* menòt
handkerchief [henkèutchif] *n* mouchwa
handle [henndl] *n* manch, *v* manyen, touche, okipe
handsome [hennsonm] bèl
handy [henndi] *adj* itil, *adv* sou la men
hang [henng] *v* pann, kwoke
happen [happen] *v* rive, pase
happy [hapi] *adj* kontan
harbor [harbòr] *n* pò, waf
hard [hard] *adj* di
harm [harm] *v* maltrete
harvest [harvèst] *v* rekòlte

haste [hest] *n* anpresman
hat [hat] *n* chapo
hate [het] *n* èn, rayisman, *v* rayi
haul [hòl] *v* bwote, chaje
have [hav] *v* genyen
haven [hevenn] *n* azil
hawk [hawk] *n* malfini
hay [hey] *n* zèb
he [hi] *prn* li
head [hèd] *n* tèt, *v* dirije
headache [hèdèk] *n* maltèt
health [hèlf] *n* sante, lasante
healthy [hèlfi] *adj* ansante
heap [hihp] *n* pil
heart [hart] *n* kè, mitan
heaven [hèvenn] *n* syèl, paradi
heavy [hèvi] *adj* lou, peze
hedge [hèdj] *n* bòdi, lizyè
heed [hihd] *v* fè atansyon
heel [hihl] *n* talon
height [hayt] *n* wotè
hell [hèl] *n* lanfè
help [hèlp] *n* èd, asistans, *v* ede
hen [henn] maman poul
her [hèu] *prn* li
herb [hèurb] *n* zepis**

here [hihr] *adv* isit
herring [hèring] *n* aran
herself [hèuself] *prn* li-menm
hesitate [hesitet] *v* ezite
hiccup [hikòp] *n* okèt
hide [hayd] *n* po, *v* kache, sere
hideous [hidyous] *adj* lèd, efreyan
high [hay] *adj* wo, elve, apik
hijack [hayjak] *v* detoune
hill [hihl] *n* mòn
hire [hayèu] *v* enplwaye
hit [hit] *v* frape
hoarse [hòrs] anwe
hoe [ho] wou
hog [hòg] kochon
hold [hold] *v* kenbe
hole [hol] *n* twou
holiday [holodey] *n* konje
hollow [hòlow] *adj* kre
holy [holi] *adj* sen
home [hom] lakay
honest [honèst] *adj* onèt
honey [honni] *n* siwo
honor [honòr] *n* lonè
hoof [houf] *n* pat zannimo
hook [houk] *n* kwòk, zen, *v* kwoke

hope [hope] *n* lespwa, *v* espere
horn [hòrn] *n* kòn, klakxonn
hornet [hòrnèt] *n* gèp
horse [hòrs] *n* chwal, cheval
hospitality [hospitaliti] *n* ospitalite
host [host] *n* animatè, mètkay
hostess [hostès] *n* otès
hot [hat] *adj* cho
hotel [hotèl] lotèl
hour [hour] *n* lè
house [haws] *n* kay
how [haw] *adv* kijan, kòman
howl [hawl] *v* ranni
huge [hudj] *adj* gro {papa, manman}
human [humann] *adj* imen
humble [honmbl] *adj* modès
humid [houmid] *adj* imid, mouye
hundred [hanndred] *adj* san
hunger [hanngèu] *n* grangou
hunt [honnt] *n* lachas, *v* chase
hurry [hèuri] *v* kouri, prese
hurt [hèurt] *v* frape, maltrete
husband [hèusbannd] *n* mari
hush [hòch] silans
hyphen [hayfenn] tirè

I

ice [ays] *n* glas
identify [aydenntifay] *v* idantifye
idiot [idyòt] *n* idyo
idle [aydl] *adj* aryenafè
if [if] *conj* si
ill [ihl] *adj* malad
illegitimate [iledjitimet] *adj* ilejitim, deyò
illicit [ilisit] *adj* anbachal
image [imedj] *n* imaj
imagination [imajinechonn] *n* imajinasyon
imagine [imadjin] *v* imajine
imbecile [imbesil] *n* enbesil
imitate [imitet] *v* imite
imitation [imitechonn] *n* imitasyon
immediate [imidyet] *adj* imedyat
immense [imenns] *adj* imans, {manman, papa}
immoral [imoral] *adj* imoral
immortal [imòrtal] *adj* imòtèl
impart [impart] *v* montre
impatient [impachennt] *adj* enpasyan
impeach [impitch] *v* anpeche, revoke

220

implicate [impliket] *v* enplije
important [impòrtent] *adj* enpòtan
impossible [impòsobl] *adj* enposib
impress [imprès] *v* enpresyone
improve [improuv] *v* amelyore
in [in] *prp* nan, andedan
inbred [inbrèd] *adj* ras kabrit
inbreed [inbrid] *v* akouple
incise [insayz] *v* koupe
incite [insayt] *v* ensite
inclination [inklinechonn] *n* pant, enklinasyon
income [inkòm] *n* salè
increase [inkrihz] *n* ogmantasyon, *v* ogmante
incredible [inkrehdibl] *adj* enkwayab
indeed [indihd] *adv* kanmenm
ndependent [indipendent] *adj* endepandan
indicate [indiket] *v* endike, montre
indict [indayt] *v* akize
indignation [indignechonn] *n* endiyasyon
individual [individyòl] *adj* grenn pa grenn, *n* oun
infect [infèkt] *v* enfekte
infertile [infèutayl] *adj* arid
influence [influenns] *n* enfliyans

inherit [inhèrit] *v* eritye
inheritance [inheritanns] *n* eritaj
initial [inichyal] *adj* inisyal, premye
ink [ink] *n* lank
innocent [inosent] *adj* inosan
inquire [inkwayèu] *v* fè demann
insane [insen] *adj* fou
insert [insèurt] *v* foure
inside [insayd] *n/adv* andedan
insist [insist] *v* ensiste
insolent [insolent] *adj* ensolan
instant [instant] *adj* enstantane, *n* moman
instead [instèd] *prp* olye
instruct [instròkt] *v* montre
insult [insòlt] *n* ensilt, *v* joure
intend [intennd] *v* gen lentansyon
intent [intennt] *n* lentansyon
interfere [intèufihr] *v* entèfere
interrupt [intèròpt] *v* entèronp
into [intou] *prp* nan
introduce [introdyous] *v* prezante
intrude [introud] *v* deranje
invent [invent] *v* envante
invisible [invizibl] *adj* envizib
invite [invayt] *v* envite
invoke [invok] *v* envoke

iodine [ayodayn] *n* yòd, {tentidyòd}
iron [ayonn] *n* fè
irrigate [iriget] *v* irige, awoze
irritate [iritet] *v* irite
island [aylend] *n* il, zile
it [it] *prn* li
itch [itch] *n* demanjezon, gratèl, *v* grate
itself [itsèlf] *prn* li-menm

J

jab [djab] *v* koutpwen
jacket [djakèt] *n* jakèt, kostim
jag [djag] *v* dechikte
jam [djenm] *n* anbouteyaj
January [djanuari] *n* janvye
jar [djar] *n* bokal
jargon [djargonn] *n* jagon
jaw [djòw] *n* machwa
jealous [djalous] *adj* jalou
jelly [djèli] *n* jele
jew [djouw] *adj* jwif
jewel [djouwèl] *n* bijou
job [djòb] *n* djòb, travay
jog [djòg] pouse
jogging [djògin] *n* djògin
join [djòyn] *v* rankontre, reyini, koud
joke [djok] *n* blag
jolly [djòli] *adj* kontan
journey [djòrni] *n* vwayaj
joy [djòy] *n* kontantman
judge [djòdj] *n* jij, *v* jije
jug [djòg] *n* krich

juice [djyous] *n* ji
July [djoulay] *n* jiyè
jump [djonp] *v* ponpe, vole
June [djyoun] *n* jen
junior [djunyòr] *adj* jinyò
jury [djyuri] *n* jiri
just [djòst] *adj* jis, legal
justice [djòstis] *n* lajistis, jistis
justify [djòstifay] *v* jistifye

K

kangaroo [kenngourou] *n* kangourou
karate [keurate] *n* karate
keen [kihn] *adj* fen, file, pike
keep [kihp] *v* kenbe
key [kih] *n* kle
kick [kihk] *n* kou, *v* frape ak pye
kid [kihd] *n* timoun
kidney [kihdni] *n* ren {grenn vant}
kill [kihl] *v* tiye, touye
killer [kihlèu] *n* asasen
kin [kin] *n* paran
kind [kaynd] *adj* janti
kindling [kindling] *n* bwapen
king [king] *n* wa
kink [kink] *n* pli, ne
kiss [kihs] *n* bo
kitchen [kitchenn] *n* kizin, lakizin
kite [kayt] *n* sèvolan, kap
kitten [kitenn] *n* chat
knack [nak] *n* talan
knave [nev] *n* koken
knee [ni] *n* jenou

knife [nayf] *n* kouto
knit [nit] *v* brode, trikote
knock [nòk] *v* frape
knot [nòt] *n* ne
know [now] *v* konnen
knowledge [nowlèdj] *n* konesans, save
known [nown] *adj* rekoni
kola [kola] *n* kola

L

labor [lebèu] *n/v* travay, *n* doulè akouchman
lace [les] *v* lase
lack [lak] *n* mank, *v* manke
lad [lad] *n* jennjan
ladle [ladl] *n* louch
lady [ledi] *n* madanm
lake [lek] *n* lak
lamb [lenmb] *n* mouton
land [lennd] *n* tè, teren
landlord [lennlòrd] *n* pwopriyetè
landscape [lennskep] *n* peyizaj, jaden flè
lane [len] *n* liy, bò lari
lapse [laps] *n* defayans, erè, *v* perime
lard [lard] *n* grès kochon, la
large [lardj] *adj* laj
lash [lach] *n* kout fwèt
lassitude [lasityud] *n* kò kraze
last [last] *adj* dènye
late [let] *adj* anreta, *adv* ta
laugh [lahf] *v* ri
law [lòw] *n* lalwa, lwa, dwa
lawn [lòwn] *n* gazon

lax [laks] *adj* neglijan, vag
lay [ley] *v* kouche, etann, blayi
lazy [lezi] *adj* parese
lead [lèd] *n* plon
lead [lid] *v* dirije, kòmande
leaf [lif] *n* fèy
leak [lik] *n* fuit
lean [lin] *v* panche, apiye
learn [lèurn] *v* aprann
lease [lis] *n* lwaye, v lwe
least [list] *adj* mwens, mwenn
leather [lèdvèu] *n* kui, tchwi
leave [liv] *v* kite, lese, pati, soti
leech [lich] *n* sansi, vantouz
leek [lik] *n* poro
left [lèft] *adj* gòch
leg [lèg] *n* pye
legible [ledjibl] *adj* lizib
leisure [lizyèur] *n* pastan, lwazi
lemon [lèmonn] *n* sitron
lend [lennd] *v* prete
length [lengf] *n* longè
less [lès] *adj* mwens
lesson [lèsonn] *n* leson
let's [lèts] *v* ann
letter [lètèu] *n* lèt

level [lèvèul] *n* nivo, *v* nivle
liar [layèu] *n* mantè, djòlè
lick [lick] niche, lanbe
lid [lid] *n* kouvèt, bouchon
lie [lay] *n* manti, boul
life [layf] *n* lavi, vi
lift [lift] *v* leve, monte
light [layt] *n* limyè, *adj* leje
lightning [laytning] *n* zeklè
like [layk] *adj* tankou, kon, *v* renmen
lime [laym] *n* lacho
line [layn] *n* liy
linen [linenn] *n* dra, lenn
link [link] *n* lyen, *v* relye
lion [layonn] *n* lyon
lip [lip] *n* pobouch, lèv
liquid [likwid] *n* likid
list [list] *n* lis
little [litl] *adj* piti, enpe
live [layv] *v* viv, abite, rete
liver [livèu] *n* fwa
lizard [lizard] *n* leza, zandolit
loaf [lof] *n* pen, *v* flannen
loan [loan] *n* anpren, *v* prete
local [lokòl] *adj* lokal, peyi, natif-natal
locate [loket] *v* lokalize, jwenn

lock [lòk] *n* kadna, *v* kadnase, bloke
lodge [lòdj] *n* lòj, *v* ebèje, bay ladesant
loft [lòft] *n* galata
log [lòg] *n* bout bwa
log [lòg] *n* jounal, dosye, *v* note
lone [lon] *adj* sèl
long [long] *adj* long
look [look] *n* rega, *v* gade
loop [loup] *n* riban, *v* anroule
loose [lous] *adj* branlan
lose [lous] *v* pèdi
loss [lòs] *n* pèt, chagren
lottery [loteri] *n* lotri
loud [lawd] *adj* fò
lousy [lawzi] *adj* degoutan
low [low] *adj* ba
lucid [lyusid] *adj* lisid, tèt klè
luck [lòk] *n* chans
lucre [lukèu] *n* magouyè
lug [lòhg] *v* trennen
lumber [lonmbèu] *n* bwa
lump [lonmp] *n* mas, gro moso
lunch [lohnch] *n* dine, manje midi
lure [lyur] *v* aleche, fè lasisiy
lust [lòst] *v* konvwate**

M

machine [machin] *n* machin, *v* fòme
mad [mad] *adj* fache, fou
magic [madjik] *adj* majik
magnificent [magnifisent] *adj*
maid [med] *n* bòn, restavèk
main [men] *adj* prensipal, santral
maintain [mennten] *v* mentni
maize [mez] *n* mayi
major [medjèu] *adj* prensipal, *n* majò
make [mek] *n* mak, *v* fè
male [mel] *adj* mal
malice [malis] *n* malis
malign [malign] *adj* nuizib
man [man] *n* mesye, moun, nèg
manage [manedj] *v* dirije, debouye
manifold [manifold] *n* manifoul
mankind [mennkaynd] *n* imanite, limanite
mansion [mennchonn] *n* mansyon, gro kay
manual [manual] *adj* manyèl, *n* liv
manufacture [manufaktyèu] *n* fabrik, izin, *v* fabrike
manuscript [manyuskript] *n* maniskri

many [meni] *adj* anpil
map [map] *n* kat
March [martch] *n* mas
mark [mark] *n* mak, tach, *v* make
market [markèt] *n* mache
marriage [maridj] *n* maryaj
marry [mèri] *v* marye
marsh [march] *n* marekaj
mash [mach] *v* brase, kraze
match [match] *n* alimèt, match, *v* matche
mate [met] *n* matlo, *v* akouple
material [matiryal] *adj* materyèl, *n* materyo
maternity [matèuniti] *n* matènite
matter [matèu] *n* matyè, problem
mature [matchèur] *adj* mi, granmoun
May [mey] *n* me
maybe [meybi] *v* petèt
me [mi] *prn* mwen
meadow [mèdow] *n* preri
meal [mihl] *n* manje, repa
mean [mihn] *adj* move, fache, *n* mwayèn
meaning [mihning] *n* siyifikasyon, sans
means [mihns] *n* mwayen
measure [mèjèu] *n* mezi, *v* mezire
meat [mit] *n* vyann, chè
meet [miit] *n* rankont, *v* rankontre

mellow	[mèlow]	*n* dou, jovyal
melt	[mèlt]	*v* fonn
member	[menmbèu]	*n* manm
menace	[mènes]	*n* menas
mend	[mennd]	*v* rapyese, rakomode
mental	[menntal]	*adj* mantal
mention	[mennchonn]	*v* mansyone
mercury	[mèrkyuri]	*n* mèki
mercy	[mèursi]	*n* pitye
mere	[mihr]	*adj* sèlman, *adv* apèn
merge	[mèurdj]	*v* fonn, amalgame
merit	[merit]	*n* merit, *v* merite
mess	[mès]	*n* fatra, dezòd
message	[mèsedj]	*n* mesaj
mettle	[mètl]	*n* kouraj
middle	[midl]	*adv* omilye, *n* mitan
might	[mayht]	*adv* petèt, *n* pisans
mild	[mayld]	*adj* mwayen, dous
milk	[milk]	*n* lèt
mince	[mins]	*v* rache, filange
mind	[maynd]	*n* lespri
mine	[mine]	*n* min, *prn* pa-m
minor	[maynèu]	*adj* minè
mint	[mint]	*n* mant
miracle	[mirakl]	*n* mirak
mirror	[mirèu]	*n* miwa, glas

misery [mizeuri] *n* mizè
misfortune [misfòtyoun] *n* malè
misguide [misgayd] *v* pedi
miss [mis] *v* manke
mist [mist] *n* labrim
mistake [mistek] *n* erè
mistress [mistrès] *n* metrès, (fanm) sou kote
mistrust [mistròst] *n* mefyans, *v* mefye
mix [miks] *n* melanj, *v* melanje
moan [mohn] *v* rale, jemi
mock [mòk] *v* moke
moderate [moderet] *adj/v* modere
modest [mòdèst] *adj* modès
moist [mòyst] *adj* imid, mouye
molest [mohlèst] *v* deranje, moleste
Monday [monndey] *n* lendi
money [mòni] *n* lajan, kòb
monger [monngèu] *n* pousè dife
monkey [monnki] *n* makak
monster [monnstèu] *n* mons
month [monnf] *n* mwa
mood [mouhd] *n* atmosfè, atitid
moon [mouhn] *n* lalin
more [mohr] *adj* plis, *adv* pi...pase
morning [mòrning] *n* maten
moss [mòs] *n* bab panyòl

235

most [most] *adj* anpil, plis
moth [mòtf] *n* papiyon lanp
mother [mòdvèu] *n* manman
motion [mochonn] *n* mouvman
mount [mawnt] *n* mòn
mountain [mawnten] *n* mòn, montay
mourn [mohrn] *v* pote dèy
mouse [maws] *n* sourit
moustache [moustach] *n* moustach
mouth [mawtf] *n* bouch
move [mouv] *v* deplase
much [mòtch] *adv* anpil
muck [mòk] *n* fimye
mud [mòd] *n* labou
mushroom [mochroum] *n* chanpiyon, djondjon
must [mòst] *v* dwe, *n* nesesite
mute [myout] *adj* bèbè
mutton [mòtonn] *n* mouton
mutual [myoutual] *adj* resipwòk
my [may] mwen
mysterious [mistiryous] *adj* mistik

N

nail [neyl] *n* zong, klou, *v* kloure
naked [neked] *adj* toutouni
name [nem] *n* non, *v* nonmen
nap [nap] *n* kabicha
napkin [napkin] *n* sèvyèt
narrate [naret] *v* rakonte
narrow [narow] *adj* etwat
nasty [nasti] *adj* degoutan, dezagreyab, malpwòp
nation [nechonn] *n* nasyon
native [netiv] *adj* natif-natal
naughty [nòti] *adj* vakabon
near [nihr] *adv* toupre, akote, pre
neat [nit] *adj* pwòp
necessary [nesesari] *adj* nesesè
neck [nèk] *n* kou
need [nid] *n/v* bezwen
needle [nidl] *n* zegi, egui
neglect [neglèkt] *v* neglije
neighbor [nebòhr] *n* vwazen
neither [nidvèu] *adv* ni youn ni lòt, ni... ni
nephew [nèfyou] *n* neve

nest [nèst] *n* nich
never [nèvèu] *adv* jamè, janm
new [nyou] *adj* nouvo, nèf
news [nyouz] *n* nouvèl
next [nèkst] pwochen
nice [nays] bon, janti
niece [nihs] *n* nyès
nifty [nifti] *adj* debouya
night [nayt] *n* lanuit, nuit
nimble [nimbl] *adj* ajil
nine [nayn] *adj* nèf
nineteen [nayntin] *adj* diznèf
ninety [naynti] *adj* katrevendis
nip [nip] *v* zongle, koupe, kase boujon
no [no] non, *adj* okenn
nobody [nobòdi] *prn* pèsonn
nod [nòd] *v* souke tèt
node [nod] *n* ne
noise [nòyz] *n* bwi, bri
none [none] *prn* okenn
nonsense [nonnsenns] *n* nonsans
noon [noun] *n* midi
noose [nous] nekoulan
nor [nòr] *adv* ni
north [nòrtf] *n* direksyon nò, nan nò
nose [noz] *n* nen**

nostril [nostril] *n* twou nen, narin
not [nòt] pa (negasyon)
note [not] *n* nòt, *v* note
nothing [nòtfing] *prn* anyen
notice [notis] *n* avi, notis
notion [nochonn] *n* nosyon
nourish [nèurich] *v* nouri
novel [nòvèl] *n* roman
November [novenmbèu] *n* novanm
now [naw] *adv* kounye-a
nowhere [nowèhr] *adv* okenn kote
noxious [nòkchyous] *adj* nosif
nuclear [nukleyèu] *adj* nikleyè
nude [nyoud] *adj* toutouni
nuisance [nuizanns] *n* nizans
numb [nonmb] *adj* ankiloze, dòmi
number [nonmbèu] *n* nonm, chif
nun [nonn] *n* relijyez, mamè, chèsè
nurse [nèurs] *n* enfimyè, mis
nut [nòt] *n* nwa, grenn

O

oak [ok] *n* bwatchèn
oar [òr] *n* zaviron
oat [ot] *n* avwan
oath [otf] *n* sèman
obedient [obidyent] *adj* obeyisan
obese [obis] *adj* obèz
obey [obey] *v* obeyi
object [obdjèkt] *n* objè, bagay
obligate [obliget] *v* olije
oblivious [oblivyous] *adj* enkonsyan
obscene [obsin] *adj* obsèn
obscure [obskyour] *adj* fènwa
observe [obsèurv] *v* obsève
obsess [obsès] *v* obsede
obsolete [obsolit] *adj* demode
obstacle [obstakl] *n* obstak
obstinate [obstinet] *adj* obstine
obstruct [obstròkt] *v* bare, bouche
obtain [obten] *v* pran, obteni
obvious [obvyous] *adj* evedan, aklè
occasion [okejyon] *n* okazyon
occupy [òkupay] *v* okipe, pran

occur [okèur] *v* rive, pase
ocean [ochann] *n* loseyan
October [oktobèu] *n* oktòb
odd [òd] *adj* dròl, enpe
odor [odòr] *n* odè, lòdè
off [òf] *adj* etenn
offend [ofennd] *v* ofanse
offense [òfenns] *n* ofans
offer [òfèur] *v* ofri, *n* òf
office [òfis] *n* biwo, kabinè
officer [òfisèu] *n* ofisye, jandam
often [òfenn] *adv* souvan
oil [òyl] *n* luil, *v* luile
old [old] *adj* vye, aje
olive [òliv] *n* oliv
omen [omenn] *n* prezaj
on [onn] *adj* limen
once [wonns] *adv* onfwa, yon sèl fwa
one [wonn] *adj* youn, en
oneself [wonnsèlf] *prn* menm
onion [onyonn] *n* zonyon
only [onnli] *adv* sèlman, sèl
onto [ontou] *prp* sou
open [openn] *v* ouvri, louvri
opinion [opinyonn] *n* opinyon
opportunity [opòrtyouniti] *n* opòtinite

or [òr] *conj* oswa, oubyen, osinon
oral [oral] *adj* oral
orange [orandj] *n* zoranj
order [òrdèu] *n* lòd, kòmann, *v* kòmande
ordinary [òrdinèri] *adj* òdinè, banal
ore [òr] *n* minrè
origin [oridjin] *n* orijin
orphan [òrfann] *n* òfelen
other [òdvèu] *adj* lòt
our [awèur] *prn* nou
ours [awèurz] *prn* pa-n
out [awt] *n* deyò
outcome [awtkòm] *n* rezilta
outdated [awtdeted] *adj* demode
outlet [awtlèt] *n* sikisal
outlook [awtlouk] *n* pespektiv
outrageous [awtredjous] *adj* ekzòbitan
outside [awtsayd] *n* deyò
oven [ovenn] *n* fou
over [ovèu] *prp* anro, anlè
overcharge [ovèutchardj] *v* majore
overcoat [ovèukot] *n* padsi
overcome [ovèukòm] *v* venk, depase
overcrowd [overkrawd] *v* ankonbre
overdue [ovèudou] *adj* anreta
overflow [ovèuflow] *v* debòde

owe [ow] *v* dwe
owl [awl] *n* koukou
own [own] *v* posede, genyen
ox [òks] *n* bèf
oxtail [òkstel] *n* ke bèf
oyster [òystèu] *n* zuit

P

pace [pes] *v* apante
pacific [pasifik] *adj* pasifik
pack [pak] *n* pake, koli *v* anpakte, anbale
padlock [padlòk] *n* kadna
pain [pen] *n* doulè
paint [pent] *v* pentire, *n* penti
pair [pèr] *n* pè, *adj* doub
palace [palas] *n* palè
pale [pel] *adj* pal
palm [palm] *n* pye palmis, plamye
palsy [palsi] *n* paralizi
pamper [panmpèu] *v* dòlote
pan [penn] *n* kasròl, bonm
pang [penng] *n* doulè
panic [panik] *n* panik, *v* panike
pantry [penntri] *n* gadmanje
pants [pents] *n* pantalon
paper [pepèu] *n* papye
paradise [paradayz] *n* paradi
parcel [parsèl] *n* pakè, *v* separe tè
parch [partch] *v* griye
parent [perent *n* paran, fanmi

parley [parley] *v* palmante, *n* poupale
parrot [peròt] *n* jako
parsley [parsli] *n* pèsi
part [part] *n* moso, pyès
partake [partek] *v* patisipe
participate [partisipet] patisipe
particular [partikyula] *adj* espesyal, patikilye
party [parti] *n* pati, fèt
pass [pas] *v* pase
passenger [pasenndjèu] *n* pasaje
passion [pachonn] *n* pasyon
past [past] *n* lepase
pastry [pestri] *n* patisri
patch [patch] *n* patch, pyès, *v* patche, rakomode
patience [pechenns] *n* pasyans
pattern [patèurn] *n* modèl, egzanp, *v* modele
pauper [pòpèur] *n* pòv, endijan
pavement [pevment] *n* pave, asfalt
paw [pòw] *n* pat, grif
pawn [pòwn] *v* plannen
pay [pey] *v* peye
pea [pi] *n* pwa
peace [pihs] *n* lapè**

peach [pitch] *n* pèch
peak [pihk] *n* tèt, somè
pear [pèr] *n* pwar
peasant [pèzant] *n* peyizan, abitan
peck [pèk] *v* beke
peculiar [pekyular] *adj* spesifik
pedal [pèdal] *n* pedal, *v* pedale
peek [pihk] *v* gade vit
peel [pihl] *v* kale
peep [pihp] *v* fè jouda
peeve [pihv] *v* irite, anmède
pelt [pèlt] *v* kalonnen
pen [penn] *n* plim
pencil [pennsil] *n* kreyon
penetrate [penetret] *v* penetre, antre
people [pihpl] *n* moun, pèp
pepper [pèpèu] *n* pwav, piman
percent [pèusent] *n* pousantaj
perform [pèrfòrm] *v* egzekite, fè travay
perfume [pèufyoum] *n* pafen
perhaps [pèuhaps] *adv* petèt
peril [peril] *n* danje
perish [pèrich] *v* peri
permit [pèurmit] *n* lisans, pèmi, *v* pèmèt
perplex [pèurplèks] *adj* anbarase
persecute [pèursekyout] *v* pèsekite

246

persist [pèsist] *v* pèsiste
person [pèursonn] *n* moun
persuade [pèursuaed] *v* pèsuade
pet [pèt] *n* bèt kay
petrol [petrol] *n* petròl
pick [pik] *v* ranmase, pran, *n* pik
picture [piktyèu] *n* foto, *v* figire, imajine
pie [pay] *n* tat
piece [pihs] *n* moso, pyès, *v* kole
pierce [pihrs] *v* pèse
pig [pig] *n* kochon
pigeon [pidjonn] *n* pijon
pile [payl] *n* pil
pillar [pilar] *n* poto, pilye
pillow [pilo] *n* zorye
pimple [pinmpl] *n* bouton
pin [pin] *n* zepeng, *v* tache
pincers [pinsèurz] *n* pens
pinch [pinch] *v* zongle
pine [payn] *n* (pye) bwapen
pineapple [paynapl] *n* anana
pink [pink] *adj* roz
pipe [payp] *n* pip, tiyo, *v* kondi
pit [piht] *n* ravin, trou
pitcher [pitchèu] *n* krich
pity [piti] *n* pitye

place [ples] *n* kote, *v* mete
placebo [plasibo] *n* plasebo
placid [placid] *adj* trankil
plain [plen] *adj* klè, kare, *n* laplenn
plait [plet] *n* très, *v* trese, kòde
plant [plent] *n* plant
plate [plet] *n* asyèt, plat
play [ple] *v* jwe, *n* pyèsteyat
plea [pli] *n* plèd, jistifikasyon
plead [plid] *v* plede, enplore
pleasant [plèzant] *adj* amizan
please [pliz] *v* plè kontante; silvouple!, souple!
pleasure [plèjèu] *n* plezi
pledge [plèdj] *n* gaj, *v* garagti
plenty [plenti] *adj* ase, anpil
plot [plòt] *v* konplote, *n* pasèl, teren
pluck [plòk] *v* deplimen, rache, keyi
plug [plòg] *v* bouche, *n* priz kouran
plum [plonm] *n* prin
plump [plonmp] *adj* gra,
plunge [plonndj] *v* plonje
pneumonia [numonya] *n* nemoni
pocket [pòkèt] *n* pòch, *v* anpoche
point [pòynt] *v* montre, *n* pwen
poison [pòyzonn] *n* pwazon, *v* anpwazonnen

polite [polayt] *adj* poli, janti
poll [pol] *n* vòt, eleksyon
pond [ponnd] *n* basen
ponder [ponndèu] *v* reflechi
pool [poul] *n* pisin
poor [pour] *adj* pòv
pork [pòrk] *n* (vyann) kochon
porter [pòrtèu] *n* pòtè
possess [pozès] *v* posede
possibility [pòsibiliti] *n* posiblite
possibly [pòsibl, *adj* posib
post [post] *v* poste, *n* lapòs
post office [postòfis] *n* (biro) lapòs
postman [postmann] *n* faktè
postpone [postpon] *v* retade
pot [pòt] *n* po
potato [poteto] *n* pòmdetè
pour [por] *v* vide
poverty [pòvèuti] *n* povrete
powder [pawdèu] *n* poud
power [pawèu] *n* pisans, *v* alimante
praise [prez] *v* glorifye, *n* elòj
pray [pre] *v* priye
precaution [prikòchonn] *n* prekosyon
precede [prisid] *v* presede, vin anvan
precious [prèchous] *adj* presye, chè

precise	[prisayz] *adj*	presi, egzak
predict	[predikt] *v*	predi
preface	[prefes] *n*	prefas
prefer	[prifèu] *v*	prefere, pito
pregnant	[prègnant] *adj*	ansent, gròs
prejudice	[predjudis] *n*	prejije
prepare	[pripèr] *v*	prepare
presence	[prezenns] *n*	prezans
present	[prèzent] *adj*	la, prezan
present	[prèzent] *n*	kado
presently	[prèzantli] *adv*	alèkile, kounye-a
preserve	[prizèurv] *v*	prezève, *n* konfiti
press	[près] *v*	peze, *n* laprès
pretend	[pritennd] *v*	pretann
pretty	[priti] *adj*	bèl
prevail	[privel] *v*	domine
prevent	[privent] *v*	prevni, evite
previous	[privyous] *adj*	presedan
price	[prays] *n*	pri
prick	[prik] *v*	pike
pride	[prayd] *n*	fyète
priest	[prist] *n*	pè, prèt
primary	[praymèri] *adj*	anpremye
print	[print] *v*	enprime
prison	[prizonn] *n*	prizon
private	[prayvet] *adj*	prive

probable [probebl] *adj* probab
proceed [prosid] *v* kontinye
proceeds [prosids] *n* benefis, montan
proclaim [proklem] *v* proklame
procreate [prokriyet] *v* prokreye, fè pitit
procure [prokyur] *v* bay, fè jwenn
produce [prodous] *n* danre, legim, *v* produi
professor [profèsèu] *n* profesè
proffer [profèu] *v* prezante
profit [pròfit] *n* profi, *v* profite
profound [profawnd] *adj* fon, byen panse
profuse [profyouz] *adj* abondan
prohibit [prohibit] *v* defann
prolong [prolong] *v* prolonje
prominent [prominent] *adj* repete, fò
promise [pròmis] *n* promès, *v* promèt
promote [promot] *v* avanse, monte grad
prompt [pronpt] *adj* rapid
pronounce [pronawns] *v* pronose
proof [prouf] *n* prèv, *v* verifye
proper [pròpèu] *adj* onèt, konvnab
property [pròpèuti] *n* propriyete, byen
propose [propoz] *v* propoze
prosper [pròspèu] *v* prospere, rive, reyisi
protect [protèkt] *v* proteje
protrude [protroud] *v* leve, pouse, soti

proud [prawd] *adj* fyè
prove [prouv] *v* prouve
proverb [pròvèub] *n* provèb, diton
provide [provide] *v* founi
prowl [prwal] *v* rode
pub [pòb] *n* kafe, bistro
publish [pòblich] *v* pibliye
puff [pòf] *n* souf, *v* soufle
puke [pyouk] *v* vomi
pull [phoul] *v* rale
pulley [phouli] *n* pouli
pump [ponp] *n* ponp, *v* ponpe
punish [pònich] *v* pini, reprimande
punishment [pònichment] *n* pinisyon
pupil [pyoupil] *n* elèv
puppet [pòpèt] *n* poupe, mannken
purchase [pèuches] *n* acha
purify [pyourifay] *v* pirifye
purpose [pèurpos] *n* entansyon
purse [pèurs] *n* bous, *v* plise
pursue [pèursou] *v* pouswiv
push [pouch] *v* pouse
put [pout] *v* mete, depoze
puzzle [pòzl] *n* devinèt, problèm

Q

quadruple [kwadrupl] *adj* kat fwa
quaint [kwent] *adj* dròl
quake [kwek] *n* tranbleman tè
qualm [kwalm] *n* kèplen, noze
quantity [kwanntiti] *n* kantite
quarrel [kwarèl] *n* batay, goumen
quarry [kwari] *n* karyè
quart [kwart] *adj* onka, ka galon
quarter [kwartèu] *n* katye, *adj* onka
quash [kwach] *v* kraze, toufe
queen [kwin] *n* rèn
quench [kwennch] *v* etenn, tranpe
question [kwestchonn] *n* kesyon, *v* kesyone
quick [kwik] *adj* vit, rapid
quiet [kwayèt] *adj* trankil
quilt [kwilt] *n* kouvèti, lenn
quit [kwit] *v* kite, lage
quite [kwayt] *adv* ase, anverite
quiz [kwiz] *n* egzamen**

R

rabbit [rabit] *n* lapen
race [res] *n* kous, *v* fè kous
race [res] *n* ras, rasmoun
rack [rak] *n* etajè
radiator [redyetèu] *n* radyatè
radish [radich] *n* radi
rag [rag] *n* ranyon
ragamuffin [ragmòfin] *n* sanzave
rage [redj] *n* raj
ragged [ragd] *adj* dechikte
raid [red] *n* atak, razya
rail [rel] *n* baro, parapè
rain [ren] *n* lapli
raise [rez] *v* leve, drese, kanpe
rally [rali] *n* raliman, *v* rasanble
ramble [renmbl] *v* divage
ramp [ranp] *n* ranp
rancid [rannsid] *adj* ransi
random [ranndonm] *adj* (o) aza
range [renndj] *n* pòte, direksyon, *v* aliyen, klase
rank [rank] *n* grad

ransack [rennsak] *v* devalize
ransom [rennsonm] *n* ranson
rap [rap] *v* frape
rape [rep] *v* vyole
rapid [rapid] *adj* rapid, vit
rapt [rapt] *adj* anchante, antouzyas
rare [rèr] *adj* ra, *n* vyann kri
rarely [rèrli] *adv* raman
rascal [raskal] *n* koken
rash [rach] *adj* enpridan
rasp [rasp] *v* kòche, rape
rat [rat] *n* rat
rate [ret] *n* pousantaj, to
rather [radvèu] *adv* pito
ration [reconn] *n* rasyon
ravage [ravedj] *n* ravaj, *v* devaste, ravaje
rave [rev] *n* elòj, *v* divage, tanpete
ravel [ravèl] *v* mele, anbouye
raven [revenn] *n* kaw, boustabak
ravish [ravich] *v* dapiyan, vyole
raw [ròw] *adj* kri
ray [rey] *n* reyon
raze [rez] *v* demantle
razor [rezò] *n* razwa
reach [ritch] *v* atenn, rive
read [rihd] *v* li, fè lekti*

255

ready [redi] *adj* pare *v* prepare
real [riyal] *adj* reyèl, tout bon
rear [rhir] *n* dèyè, *v* elve, drese
reason [rizonn] *n* rezon, *v* rezone, reflechi
reassure [riasyur] *v* rasire
rebellion [ribèlyonn] *n* rebelyon
rebuke [ribyouk] *v* reprimande, rele sou
receive [risiv] *v* resevwa
recent [risent] *adj* resan
recess [risès] *n* rekreyasyon
recognize [rikognayz] *v* rekonèt
recommend [rèkomannd] *v* rekòmande
record [rèkòd] *n* dosye, *v* enskri
recover [rikovèu] *v* repran, rejwenn
red [rèd] *adj* rouj, wouj
reduce [ridous] *v* redui, amensi
reek [rihk] *n* charony, *v* santi move
reel [rihl] *n* bobin, *v* bobine
refer [rihfèu] *v* refere
refrigerator [refridjeretèu] *n* frijidè
refuse [rèfyouz] *n* fatra
refuse [rifyouz] *v* refize
regard [rigard] *n* rega, koutje, *v* gade, konsidere
region [ridjyonn] *n* rejyon, zòn
regret [rigrèt] *n* chagren, *v* regrete

reject [ridjèkt] *n* rejè, *v* refize, rejete
relate [rilet] *v* rakonte, relate
relative [rèlativ] *n* paran, fanmi
relax [rihlaks] *v* rilaks, detann
release [rilis] *n* liberasyon *v* lage, libere
relief [rilif] *n* soulajman, alemye
relish [rèlich] *n* gou, asezonman
rely [rilay] *v* depann sou, gen konfyans
remain [rimehn] *n* restan, *v* rete
remark [rimark] *n* remak, *v* remake
remedy [rèmedi] *n* remèd, *v* soulaje, swaye
remember [rimenmbèu] *v* sonje
remind [remaynd] *v* raple, fè sonje
remission [remichonn] *n* konvalesans
remit [remit] *v* remèt
remorse [rimòrs] *n* remò
remote [rimot] *adj* adistans, lwen
remove [rimouv] *v* retire, wete
render [rendèu] *v* remèt, rann, tradui (lang)
rent [rent] *n* lwaye, *v* lwe
repair [ripèr] *v* ranje, repare
repeat [ripiht] *v* repete
resist [rezist] *v* reziste
respect [rispèkt] *n* respè, *v* respekte
respond [risponnd] *v* reponn
response [risponns] *n* repons**

rest [rèst] *v* repoze, rete *n* restan
restrict [restrikt] *v* restrenn
return [ritèurn] *v* (voye) tounen, retounen
reveal [rivihl] *v* revele, devwale, gaye (nouvèl)
revenge [rivenndj] *n* revanch, revanj
review [rivyou] *n* revi, revizyon, *v* repase
revise [rivayz] *v* korije
reward [riward] *n* rekonpans, *v* rekonpanse
rib [rib] *n* kòt, zokòt
ribbon [ribonn] *n* riban
rice [rays] *n* diri
rich [ritch] *adj* rich
rid [rid] *v* debarase
riddle [ridl] *n* devinèt
ride [rayd] *v* monte (machin, chwal)
ridicule [ridikyoul] *adj* bèt, ridikil
rifle [rayfl] *n* fizi
right [rayt] *adj* dwat, *adv* adwat
rigid [ridjid] *adj* rèd, rijid, sèk
rind [raynd] *n* po, krout
ring [ring] *n* bag
rinse [rins] *v* rense
riot [rayòt] *n* atroupman
ripe [rayp] mi, apwen
rise [rayz] *v* leve kanpe

river [rivèu] *n* rivyè, flèv, dlo
roach [rotch] *n* ravèt
road [rohd] *n* chemen, rout
roar [rohr] *v* gronde, ranni
roast [rohst] *v* boukannen, griye
rob [ròb] *v* vole, vòlè
robber [ròbèu] *n* vòlè
rock [ròk] *n* ròch, galèt, *v* balanse, dodinen
rod [ròd] *n* baton
rogue [rog] *n* vakabon, vòlè
roll [rol] *v* roule, *n* roulo
romance [romanns] *n* romans
roof [rouf] *n* tèt kay, twakay
room [roum] *n* chanm
root [rout] *n* rasin
rope [rop] *n* kòd
rose [roz] *n* roz
rot [ròt] *n* pouriti, *v* pouri
rotten [ròtenn] *adj* pouri
rough [ròf] *adj* brital
round [rawnd] *adj* ron, won *v* arondi
rouse [rawz] *v* reveye
route [rawt] *n* rout, *v* achemine
rove [rov] *v* flannen
row [row] *n* ranje, ran, *v* rame
rub [ròb] *v* frote, masaje

rubber [ròbèu] *n* kaoutchou
rubbish [ròbich] *n* fatra
rude [roud] *adj* grosoulye, grosye
ruin [rouin] *n* ruin, *v* ruine
rule [roul] *n* règ, *v* dirije, kòmande
rum [ronm] *n* ronm
rumor [roumèu] *n* bri, chuichui
run [ronn] *v* kouri
rush [ròch] *v* kouri prese, *n* bouskilad
rust [ròst] *n* rouy, *v* rouye
rusty [ròsti] *adj* rouye

S

sack [sak] *n* sak
sacrifice [sakrifays] *n* sakrifis
sad [sad] *adj* tris
safe [sef] *adj* senesòf, *n* kòfrefò
sail [seyl] *n* vwal, *v* navige
salad [salad] *n* salad
salary [salari] *n* salè
sale [sel] *n* lavant
saliva [selayva] *n* krache
salmon [sòlmonn] *n* somon
salt [sòlt] *n* sèl
salute [salyout] *v* salye
same [sem] *adj* menm
sample [senmpl] *n* echantiyon
sand [sennd] *n* sab
sandwich [senndwitch] *n* sandwich
sane [sen] *adj* lisid
sash [sach] *n* sentiwon
satisfy [satisfay] *v* satisfè
saturate [satyuret] *v* satire, boure
Saturday [satèurde] *n* samdi
sauce [sos] *n* sòs

saucer [sòsèur] *n* soukoup
sausage [sòsedj] *n* sosis
savage [savedj] *adj*/*n* sovaj
save [sev] *v* sove
savior [sevyòr] *n* sovè, lesovè
savor [sevèu] *n* gou
say [sey] *v* di
scald [skòld] *v* chode
scale [skel] *n* balans
scare [skèr] *v* efreye, alame, fè pè
scent [sent] *n* sant, odè
schedule [skedyoul] *n* orè,
school [skoul] *n* lekòl
science [syanns] *n* syans
scissors [sizòrz] *n* sizo
scold [skold] *v* reprimande
scorch [skòrtch] *v* rousi, boule
score [skòr] *n* skò
scorn [skòrn] *v* meprize
scoundrel [skawndrèl] *n* kannay
scrape [skrep] *v* grate, rafle
scratch [skratch] *v* grafouyen
scream [skrim] *v* rele [anmwe]
screen [skrin] *n* ekran
screw [skrou] *n* vis, boulon
scribble [skribl] *v* madjigridji**

scrub [skròb] *v* frote
sea [si] *n* lanmè, loseyan
seal [sihl] *n* tanpon, *v* sele
search [sèurtch] *v* chèche
seat [siht] *n* chèz
second [sèkonnd] *adj* dezyèm, *n* segonn
secret [sikrèt] *n* sekrè
secure [sekyour] *adj* ansekirite
sedate [sedet] *v* andòmi
seduce [sedous] *v* sedui
see [si] *v* wè
seed [sid] *n* grenn
seek [sik] *v* chèche
seem [sim] *v* sanble
seize [siz] *v* sezi
select [selèkt] *v* seleksyone, chwazi
self [sèlf] *n* tèt, kò
selfish [sèlfich] *adj* egoyis
sell [sèl] *v* vann
send [sennd] *v* voye
sense [senns] sans
sensible [sennsibl] *adj* sansib
sentence [senntens] *n* fraz
separate [sèpret] *adj* apa, separe, *v* separe
September [septenmbèu] *n* septanm
sequel [sekwèl] *n* fen, suit

sequence [sekwenns] *n* sekans
serious [siryous] *adj* serye
serpent [sèurpent] *n* koulèv
servant [sèurvant] *n* restavèk, bòn
serve [sèurv] *v* sèvi
service [sèurvis] *n* sèvis
settle [sètl] *v* etabli, tabli
seven [sèvenn] *adj* sèt
seventy [sèvennti] *adj* swasanndis
several [sèvral] *adj* plizyè
severe [sevir] *adj* sevè
sew [so] *v* koud
sex [sèks] *n* sèks
shabby [chabi] *n* ranyon
shade [ched] *n* lonbraj
shadow [chado] *n* lonbraj
shake [chek] *v* souke
shallow [chalo] *n* pa fon
shame [chem] *n* ront, dezonè
shape [chep] *n* fòm
share [chèr] *v* separe, pataje
sharp [charp] *adj* file, pwenti
shave [chev] *v* fè bab, raze
she [chi] *prn* li
sheep [chip] *n* mouton
sheet [chiht] *n* dra

shelf [chèlf] *n* etajè
shell [chèl] *n* koki
shelter [chèltèu] *n* ladesant, tonnèl
shift [chift] *v* chanje
shine [chayn] *v* klere
ship [chip] *n* bato
shirt [chèurt] *n* chemiz
shiver [chivèu] *v* tranble (fredi)
shock [chòk] *n* chok, *v* choke
shoe [chou] *n* soulye
shoot [chout] *v* tire
shop [chòp] *n* magazen, boutik, *v* achte
shore [chòr] *n* bòdmè
short [chòrt] *n* chòt, bout kanson
shoulder [choldèu] *n* zepòl, *v* sipòte
shout [chawt] *v* rele (pale) fò
show [cho] *v* montre, *n* program
shower [chawèu] *n* douch
shrink [chrink] *v* retresi
shut [chòt] *v* fèmen
shy [chay] *adj* timid
sick [sik] *adj* malad
side [sayd] *n* bò, kote
sign [sayn] *n* siy, *v* siyen
signature [signatchèu] *n* siyati
silence [saylanns] *n* silans

silk [slik] *n* swa
silly [sili] *adj* enbesil, bèt, komik
silver [silvèu] *n* ajan, lajan
similar [simila] *adj* sanble, genlè menm
simple [simpl] *adj* senp
sin [sin] *n* peche
since [sins] *adv* depi
sincere [sinsir] *adj* sensè
single [singl] *adj* selibatè, grenn
sink [sink] *v* plonje, koule
sip [sip] *v* sirote
sister [sistèu] *n* sè
sit [sit] *v* chita
six [siks] *adj* sis
size [sayz] *n* grosè, dimansyon
skate [sket] *v* monte paten
skew [skyou] *adj* krochi
skill [skil] *n* talan
skin [skin] *n* po
skirt [skèurt] *n* jip
sky [skay] *n* syèl
slack [slak] *n* pantalon, kanson
slander [slenndèu] *v* kalomnye
slang [slenng] *n* jagon
slap [slap] *v* souflete *n* kalòt
sleek [slik] *adj* swa, dous

sleep [slip] *v* dòmi
sleeve [sliv] *n* manch
slice [slays] *n* tranch
slide [slayd] *v* glise
slightly [slaytly] *adv* toupiti
slim [slim] *adj* mens
sling [sling] *n* echap, *v* voye
slip [slip] *v* glise
slow [slo] *adj* dousman
sluggard [slògèud] *adj* parese
sly [slay] *adj* rize, sounwa
small [smòl] *adj* piti
smart [smart] *adj* fò, entelijan
smash [smach] *v* kraze
smell [smèl] *v* santi, pran odè
smile [smayl] *v* souri
smoke [smok] *v* fimen, *n* lafimen
smooth [smoutf] *adj* lis
smother [smòdvèu] *v* trangle, toufe
smoulder [smoldèu] *v* mijote, konsonmen
snack [snak] *n* goute
snail [snel] *n* kalmason
snake [snek] *n* koulèv
sneeze [sniz] *v* etènye
snore [snòr] *v* ronfle
snout [snawt] *n* djòl, machwè

snow [sno] *n* lanèj
so [so] *adv* alò, sitèlman, otan
soak [sok] *v* tranpe
soap [sop] *n* savon, *v* savonnen
sob [sòb] *v* kriye
society [sosayti] *n* sosyete, lasosyete
sock [sòk] *n* chosèt
soft [sòft] *adj* mou
soil [sòyl] *v* sal
soldier [sòldyèu] *n* solda
solemn [sòlèm], *adj* solanèl
solid [sòlid] *adj* fèm, solid
solution [solyuchonn] *n* solisyon, tranpe
solve [sòlv] *v* rezoud
somber [sonmbèu] *adj* sonm
some [sonm] *adj* enpe, kèk
somebody [sonmbòdi] *prn* yon moun
somehow [sonmhaw] *adv* enpòt kijan
something [sonmtfing] *n/prn* bayay
son [sonn] *n* pitit gason
son-in-law [soninlò] *n* bofis
soon [soun] *adv* talè
sore [sòr] *adj* kòkraz
sorrow [soro] *n* chagren
sorry [sòri] *v* regrèt
soul [sol] *n* nanm

sound	[sawnd]	*n* son
soup	[soup]	*n* soup, lasoup
sour	[sawèu]	*adj* si
south	[sawtf]	*n* sid, nansid
sow	[so]	*v* simen
space	[spes]	*n* plas, espas
spare	[spèr]	*adj* derechany
sparkle	[sparkl]	*v* klere
speak	[spik]	*v* pale
spectacle	[spektakl]	*n* spektak, program
speed	[spid]	*n* vitès
spend	[spend]	*v* depanse
spice	[spays]	*n* zepis
spider	[spaydèu]	*n* zariyen
spill	[spil]	*v* devide
spinster	[spinstèu]	*n* vyèyfi
spirit	[spirit]	*n* lespri, move zè
spit	[spit]	*v* krache
split	[split]	*v* separe
spoil	[spòyl]	*v* gate
spoon	[spoun]	*n* kiyè
spot	[spòt]	*n* tach
spread	[sprèd]	*v* gaye
spring	[spring]	*n* resò, prentan
square	[skwèr]	*adj* kare
squash	[skwach]	*n* joumou, kalbas, *v* kraze

stage [stedj] *n* etap
stair [stèr] *n* eskalye
stammer [stamèu] *v* bege
stamp [stenp] *n* tenm, *v* tenbre
stand [stennd] *v* kanpe, *n* etanda
star [star] *n* etwal, zetwal
stare [stèr] *v* fikse, gade fix
start [start] *v* stat
starve [starv] *v* grangou, mouri grangou
state [stet] *n* leta, *v* deklare
station [stechonn] *v* stasyon
stay [ste] *v* rete
steady [stèdi] *adj* fiks
steal [stil] *v* vole, vòlè
steam [stim] *n* vapè
steel [stil] *n* asye
step [stèp] *n* pa, mach
stew [stou] *n* bouyon
stick [stik] *n* baton
still [stil] *n* gildiv
stingy [stindji] *adj* kripya
stocking [stòking] *n* ba
stomach [stonmak] *n* vant, anbativant
stone [ston] ròch
stool [stoul] *n* taboure
stop [stòp] *n* stop, *v* estope

store [stòr] *n* boutik, magazen
storm [stòrm] *n* van, move tan
story [stòri] *n* istwa
straight [stret] *adj* dwat
strain [stren] *v* fòse
strange [strennj] *adj* dròl
strangle [strangl] *v* trangle
straw [strò] *n* pay, chalimo
stream [strim] *n* sousdlo, rivyè
street [strit] *n* ri, lari
strength [strenktf] *n* fòs, kouraj
stress [strès] *n* tansyon
stretch [strètch] *v* rale
strict [strikt] *adj* strik
strike [strayk] *v* frape
string [sting] *n* fisèl, kòd
strong [strong] *adj* gen kouraj
struggle [strògl] *n* batay, lit, *v* lite
study [stèudi] *v* etidye
stupid [stoupid] *adj* estipid
subject [sòbdjèkt] *n* sijè
submit [sòbmit] *v* soumèt, remèt
subscribe [sòbskrayb] *v* abòne, souskri
suburb [sèubèurb] *n* fobou
success [sèuksès] *n* siksè
such [sèutch] *adj* kalite, tèl

suck [sòk] *v* souse
suddenly [sèudennli] *adv* sanzatann
suffer [sòfèu] *v* soufri
sugar [chouga] *n* sik
suggest [sèugjèst] *v* sijere
suicide [sousayd] *n* sisid, *v* siside
suit [sout] *n* kostim, *v* byen tonbe, fè prosè
sullen [sòlenn] *adj* mòksis
summer [sòmmèu] *n* ete, lete
summon [sòmonn] *v* konvoke
sun [sonn] *n* solèy, sole
Sunday [sunnde] *n* dimanch
sunflower [sonnflawèu] *n* flè solèy
superior [supiryò] *adj* siperyè
supply [suplay] *v* founi
support [supòrt] *v* sipòte, soutni
suppose [supoz] *v* sipoze
sure [chyour] *adj* sètèn, si, asire
surface [sèurfes] *n* anlè
surgeon [sèurdjonn] *n* chirijyen
surprise [sèurprayz] *n* sipriz
surrender [surenndèu] *v* baylegen
surround [surawnd] *v* ansèkle
survive [sèuvayv] *v* siviv, chape
suspect [sèuspèkt] *adj* sispèk, *v* sispekte
suspend [suspennd] *v* sispann

suspicion [suspichonn] *n* sispisyon
swallow [swalo] *v* vale
sweat [swèt] *v* sue, swe
sweep [swip] *v* bale
sweet [swit] *adj* dous, sikre
swell [swèl] *adj/v* anfle
swift [swift] *adj* rapid
swim [swim] *v* naje
swine [swayn] *n* kochon
swing [swing] *n* balansin, *v* balanse
switch [switch] *n* switch, *v* chanje, pase
syllable [silebl] *n* silab
syringe [sirinj] *n* sereng

table [tebl] *n* tab
tail [teyl] *n* lake, ke
tailor [telèu] *n* tayè
take [tek] *v* pran
tale [tel] *n* istwa, kont
talk [tòk] *v* pale, koze, *n* koze
tall [tòl] *adj* ro
tame [tem] *v* donte
tangle [tengl] *v* mele
tap [tap] *v* tape
tape [tep] *v* tep
tape recorder [teprikòdèu] *n* tep
target [targèt] *v* vize
tart [tart] *adj* brak
task [task] *n* travay
taste [test] *n* gou, *v* goute
tax [taks] *n* taks
tea [ti] *n* te
teach [titch] *v* montre, anseye
team [tim] *n* ekip
tear [tear] *v* dechire
tease [tiz] *v* toumante

tedious [tidyous] *adj* fatigan
teenager [tinedjèu] *n* tinedjè
tell [tèl] *v* rakonte, di
temper [tenmpèu] *n* tanperaman
tempest [tenmpèst] *n* tanpèt
temple [tenmpl] *n* tanp
tempt [tenpt] *v* tante
ten [tenn] *adj* dis
tenant [tènant] *n* lokatè
tender [tenndèu] *adj* tann, sansib
tense [tenns] *adj* enève, rèd
tent [tent] *n* tant
term [tèurm] *n* tèm
terrible [tèribl] *adj* terib
terror [tèrèu] *n* laterè
test [tèst] *n* tès, egzamen
thank [tfenk] *v* remèsye
they [dve] *prn* yo
thick [tfik] *adj* epè
thief [tfif] *n* vòlè
thigh [tfay] *n* kuis
thin [tfin] *adj* fen
thing [tfing] *n* bagay
think [tfink] *v* reflechi, panse
thirteen [tfèutin] *adj* trèz
thirty [tfèurti] *adj* trant

275

thought [tfòt] *n* panse
thousand [tfawzann] *adj* mil
thread [tfrèd] *n* fil
threat [tfrèt] *n* menas, *v* menase
three [tfri] *adj* twa
throat [tfrot] *n* gòj
throw [tfro] *v* voye
thumb [tfonm] *n* pous
thunder [tfonndèu] *n* loray
Thursday [tfèursde] *n* jedi
ticket [tikèt] *n* tikè
tidy [taydi] *adj* pwòp
tie [tay] *n* kravat, *v* mare
tighten [taytenn] *v* sere
till [till] *adv* jis, jiska
timber [timbèu] *n* bwa chapant
time [taym] *n* lè, tan
timid [timid] *adj* timid, kazwèl
tiny [tayni] *adj* toupiti
tire [tayèu] *v* fatige
tissue [tichyou] *n* papye twalèt
title [taytl] *n* tit
today [toude] *n* jodi
toe [to] *n* zòtèy
together [tougèdvèu] *adv* ansanm
toil [tòyl] *v* travay di, trimen

276

tomato [tometo] *n* tomat
tomb [tonm] *n* tonm
tomorrow [toumoro] *n* demen
tongue [tong] *n* lang
tonight [tounayt] *n* aswè
too [tou] *adv* tou, trò
tool [toul] *n* zouti
tooth [toutf] *n* dan
top [tòp] *n* tèt
torch [tòtch] *n* tòch
tortoise [tòtòyz] *n* tòti
torture [tòrtchèu] *v* malmennen
total [total] *n* total
touch [tòtch] *v* touche, manyen
tough [tòf] *adj* rèd
towel [tawèul] *n* sèvyèt
town [tawn] *n* vil, lavil
toy [tòy] *n* jwèt
trace [tres] *v* trase, *n* tras
track [trak] *v* suiv
trade [tred] *n* metye
traffic [trafik] *n* trafik
train [trenn] *n* tren
traitor [tretèu] *n* trèt
transfer [transfèu] *v* transfere, *n* tansfè
translate [translet] *v* tradui

trash [trach] *n* fatra, *v* tòchonnen
travel [travèul] *n* vwayaj, *v* vwayaje
treasure [trèjèu] *n* trezò
treat [trit] *v* trete
tree [trhi] *n* pyebwa
tremble [trenmbl] *v* tranble
trim [trim] *v* bòdi
trip [trip] *n* vwayaj
trouble [tròbl] *n* problèm, troub, *v* trouble
trousers [trawzèuz] *n* pantalon
true [trou] *n* vre
trunk [tronk] *n* kòf
trust [tròst] *v* fè konfyans
truth [troutf] *n* laverite, verite
try [tray] *v* eseye
Tuesday [tyousde] *n* madi
turkey [tèurki] *n* kodenn
turn [tèurn] tounen, vire
tutor [tutèur] *n* profesè
twelve [twèlv] *adj* douz
twenty [twennti] *adj* ven
twice [tways] *adv* defwa
twin [twin] *n* jimo
twist [twist] *v* tòde
two [tou] *adj* de

U

ugly [ògli] *adj* lèd
umbrella [onmbrèla] *n* parapli
unable [onnebl] *adj* enkapab
unbearable [onnbèrebl] *adj* ensipòtab
uncle [onnkl] *n* tonton, monnonk
uncommon [onnkòmonn] *adj* estraòdinè
unconscious [onnkonchous] *adj* san konesans
under [onndèu] *prp* anba
undergo [onndèugo] *v* sibi
underground [onndèugrawnd] *n* anbatè
understand [onndèustennd] *v* konprann
undo [onndou] *v* defè
uneven [onnivenn] *adj* inegal, ansibreka
unfortunately [onnfòtyounetli] *adv* malerezman
unhappy [onnhapi] *adj* tris, pa kontan
unify [younifay] *v* inifye
union [younyonn] *n* inyon, maryaj, sendika
unit [younit] *n* inite, grenn
unite [younayt] *v* ini, mare
until [onntil] *prp* jis (jouk), jiska, jiskaske

up [òp] *adv* anlè, anro, soutèt
up-to-date [òptoudet] *adj* resan, ajou
upset [òpsèt] *adj* fache, deranje, trouble
urge [èurdj] *v* ankouraje, rekòmande
us [òs] *prn* nou
use [youz] *v* itilize
used [youzd] *adj* ize, dokazyon, dezyèm men
useful [youzfoul] *adj* itil
usual [youjuòl *adj* òdinè, selon lizaj
utensil [youtennsil] *n* istansil
utility [youtiliti] *n* itilite
utterance [èuteranns] *n* espresyon

V

vacation [vekechonn] *n* vakans
vagabond [vagabonnd] *adj* eran, *n* vakabon, voryen
vague [veg] *adj* vag, raz
vain [ven] *adj* chèlbè
valiant [valyant] *adj* vanyan
valise [valiz] *n* valiz
valley [valey] *n* savann, plato
value [valyou] *n* valè
valve [valv] *n* valv
vanilla [vanila] *n* vaniy
vanish [vanich] *v* disparèt
vanquish [vennkwich] *v* venk, genyen
vapor [vepèu] *n* vapè
various [varyous] *adj* divès
varnish [varnich] *adj/v* vèni
vary [vari] *n* varye
vast [vast] *adj* vast
vegetable [vedjtebl] *n* legim
vehicle [vihikl] *n* machin
vend [vennd] *v* vann
venerate [veneret] *v* venere, respekte

venture [venntyèu] *n* negòs, antrepriz, *v* riske
verdict [vèudikt] *n* desizyon, jijman
vermin [vèumin] *n* parazit, vèmin
verse [vèus] *n* vè
very [very] *adj* anpil, trè
vex [vèks] *v* vekse
vice versa [vaysevèusa] *adv* ale pou vini
vice [vays] *n* vis, mani
victim [viktim] *n* viktim
victory [viktori] *n* viktwa
view [vyou] *v* egzamine
village [viledj] *n* bouk, vilaj
vinegar [vinega] *n* vinèg
violate [vayolet] *v* vyole, dezobeyi
violet [vayolèt] *adj* vyolèt
virgin [vèurdjin] *adj* tifi, vyèj
vision [vijonn] *n* vizyon
vital [vaytal] *adj* vital, serye
vocabulary [vokabyoulèri] *n* vokabilè
vogue [vog] *n* lamòd
voice [vòys] *n* vwa, *v* prononse
volume [vòlyoum] *n* volim
volunteer [voluntir] *n* volontè
vomit [vòmit] *n* vomi
vote [vot] *n* vòt, *v* vote

voyage [vòyadj] *n* vwayaj

W

wade [wed] *v* patoje
wage [wedj] *n* salè, peròl
wager [wedjèu] *n* paryaj, *n* parye
wail [weyl] *v* jemi
waist [west] *n* ren, tay
wait [wet] *v* tann
wake [wek] *n* veye, *v* reveye
walk [wòk] *v* mache, *n* demach
wall [wòl] *n* mi, panno
wallet [wòlèt] *n* bous
wander [wanndèu] *v* flannen
wane [wen] *n* dekadans, *v* tonbe
want [want] *v* vle
war [wòr] *n* lagè
ward [wòrd] *v* pare, detounen
warm [wòrm] *adj* tyèd
warn [wòrn] *v* prevni, avèti
warrant [wòrant] *n* manda, chèk, *v* garanti
wash [wach] *v* lave, *n* lesiv
wasp [wasp] *n* gèp
waste [west] *n* gaspiyaj, *v* gaspiye
watch [watch] *n* mont, *v* gade, siveye

water [watèu] *n* dlo
wave [wev] *n* vag, *v* flote
way [wey] *n* chemen
we [wi] *prn* nou
weak [wik] *adj* fèb
wealth [wèltf] *n* fòtin, byen
weapon [wèponn] *n* zam
wear [wèr] *v* pote, mete
weather [wèdvèu] *n* klima, tan
weave [wiv] *v* tise, mare
web [wèb] *n* filareye
wedding [wèding] *n* maryaj
Wednesday [wensde] *n* mèkredi
weed [wid] *n* raje
week [wik] *n* semèn, senmenn
weep [wip] *v* kriye
weigh [wey] *v* peze
weight [weyt] *n* pwa
welcome [wèlkòm] *n* bèlantre
welfare [wèlfèr] *n* byennèt
well [wèl] *n* sous, pui/pi, *adv* byen
west [wèst] *n* lwès, nan lwès
wet [wèt] *adj* mouye
whale [wehl] *n* balèn
wharf [warf] *n* waf
what [wat] (*interr.*) kisa

whatever [watèvèu] *prn* nenpòt, kèlkeswa
wheat [wiht] *n* ble
wheel [wil] *n* rou
when [wenn] (*interr.*) kilè
whence [wenns] *adv* kidonk
whenever [wenèvèu] nenpòt kilè
where [wèr] (*interr.*) kikote
whet [wèt] *v* ile
which [witch] (*interr.*) kilès
while [wayl] *conj* pandan
whim [wim] *n* kapris
whirl [wèurl] *n* toubiyon
whisky [wiski] *n* wiski
whisper [wispèu] *v* chuichui
whistle [wistl] *n* siflèt/souflèt
white [wayt] *adj* blan
who [wou] (*interr.*) kimoun, kilès
whole [hol] *adj* antye, tout
wholly [holi] *adv* konplètman
why [way] (*interr.*) poukisa
wicked [wiked] *adj* mechan
wide [wayd] *adj* laj
widow [wido] *n* vèv
widower [widowèu] *n* vèf
wife [wayf] *n* madanm, fanm
wild [wayld] *adj* sovaj

will [wil] *n* volonte
win [win] *v* genyen
wind [wind] *n* van
window [windo] *n* fenèt
wine [wayn] *n* diven
wink [wink] *v* fèjedou, fèsiyo
winner [winèu] *n* gayan
winter [winntèu] *n* livè
wipe [wayp] *v* siye
wire [wayèu] *n* fil elektrik, kab
wisdom [wizdonm] *n* lasajès
wise [wayz] *adj* saj
wish [wich] *v* swete
wit [wit] *n* entelijans, konprann
witch [witch] *n* sòsyè
with [witf] ak, avèk
withdraw [witfdrò] *v* retire, rale soti
wither [witèu] *v* fennen
withhold [witfhold] *v* kenbe
within [witfin] *adv* andedan
without [widzawt] *adv* san, deyò
withstand [witstennd] *v* reziste, sipòte
witness [witnès] *n* temwen, *v* ateste, wè
wizard [wizèud] *n* sòsye
woman [woumann] *n* fanm, fi, madanm
wonder [wonndèu] *n* mèvèy, *v* etone

wood [woud] *n* bwa
wool [woul] *n* lenn
word [wèurd] *n* mo
work [wèurk] *n/v* travay
worker [wèukèu] *n* ouvriye, travayè
world [wèurld] *n* lemonn
worm [wèurm] *n* vè
worry [wèuri] *n* traka, *v* trakase
worse [wèurs] *adj* pi mal
worth [wèurtf] *n* valè
wound [wound] *n* blesi, *v* blese
wrap [wrap] *v* vlope
wrestle [wrèsl] *v* lite
wretch [wrètch] *n* mizè
wretched [wretched] *adj* mizerab
wring [wring] *v* tòde, tòdye
wrinkle [wrinkl] *n* rid
wrist [wrist] *n* ponyèt
write [wrayt] *v* ekri
wrong [wrong] *adj* move, mal
wrought [wròt] *adj* fòje

X

x-ray [èksre] *n* radyografi
xenophobia [zinofobya] *n* zenofobi, *adj* pè etranje
Xerox [zeròks] *n* fotokopye
Xmas [krismas] *n* nwèl
xylophone [zaylofon] *n* zilofòn

Y

yard [yard] *n* lakou, twa pye
yarn [yarn] *n* fil
yawn [yòn] *v* baye
year [yir] *n* ane, lane
yearn [yèurn] *v* sipliye
yeast [yist] *n* leven
yell [yèl] *v* rele, kriye
yellow [yèlo] *adj* jòn
yes [yès] *adv* wi
yesterday [yèstèude] *n* yè
yet [yèt] *adv* deja
yield [yild] *v* donnen, bay
yolk [yok] *n* jònze
you [you] *prn* ou
young [yong] *adj* jèn, jenn
your [yòr] *prn* ou
yourself [yòrsèlf] *prn* ou-menm
youth [youtf] *n* lajenès

Z

zeal [zil] *n* anprèsman
zero [zero] *n* zero
zest [zèst] *n* antren
zigzag [zigzag] *n* zigzag, *v* zigzage
zinc [zenk] *n* zenk
zip [zip] *n* zip, *v* zipe
zip code [zipkod] *n* kòd postal
zone [zon] *n* zòn, rejyon
zoo [zou] *n* zou
zoom [zoum] *v* rale

Hippocrene's Compact Dictionaries

Small enough to carry in your pocket, these easy-to-use, two-way dictionaries are perfect for the traveler or student who needs a quick reference to common words.

ARMENIAN	9,000 entries	0-7818-0500-7	$8.95
BOSNIAN	8,500 entries	0-7818-0499-X	$8.95
BULGARIAN	8,000 entries	0-7818-0535-X	$8.95
HAITIAN CREOLE	8,000 entries	0-7818-0538-4	$8.95
ROMANIZED HEBREW	7,000 entries	0-7818-0568-6	$7.95
LITHUANIAN	8,000 entries	0-7818-0536-8	$8.95
POLISH	9,000 entries	0-7818-0496-5	$8.95
RUSSIAN	13,000 entries	0-7818-0537-6	$9.95
SLOVAK	7,500 entries	0-7818-0501-5	$8.95
SPANISH	8,000 entries	0-7818-0497-3	$8.95
UKRAINIAN	8,000 entries	0-7818-0498-1	$8.95

All prices subject to change.
TO PURCHASE HIPPOCRENE BOOKS contact your local bookstore, call (718) 454-2366, or write to: HIPPOCRENE BOOKS, 171 Madison Avenue, New York, NY 10016. Please enclose check or money order, adding $5.00 shipping (UPS) for the first book and $.50 for each additional book.